认识你自己

"彩虹哲学"丛书主编 苏德超
【古希腊】柏拉图 著 焦黎明 编译

中国文联出版社

图书在版编目（CIP）数据

认识你自己 /（古希腊）柏拉图著；焦黎明编译 . —北京：中国文联出版社，2022.4（2023.04 重印）

（彩虹哲学 / 苏德超主编）

ISBN 978-7-5190-4849-5

Ⅰ . ①认… Ⅱ . ①柏… ②焦… Ⅲ . ①柏拉图 (Platon 前 427- 前 347) —哲学思想—通俗读物 Ⅳ . ① B502.232-49

中国版本图书馆 CIP 数据核字 (2022) 第 044444 号

认识你自己

丛书主编：苏德超
原　　著：【古希腊】柏拉图
编　　译：焦黎明
责任编辑：张超琪　黄雪彬
特约编辑：黄博文　张维祥
责任校对：张　红　肖　纯
装帧设计：有识文化

出版发行：中国文联出版社有限公司
社　　址：北京市朝阳区农展馆南里 10 号　　邮编：100125
网　　址：http://www.clapnet.cn
电　　话：010-85923091（总编室）　　010-85923058（编辑部）
　　　　　010-85923025（发行部）
经　　销：全国新华书店等
印　　刷：三河市龙大印装有限公司

开　　本：787 毫米 × 1092 毫米　　1/32
印　　张：10.5
版　　次：2022 年 4 月第 1 版
　　　　　2023 年 4 月第 2 次印刷
书　　号：ISBN 978-7-5190-4849-5
定　　价：58.00 元

版权所有　　侵权必究
如有印装质量问题，请与本社发行部联系调换

丛书序：幸福、快乐与生命的满足

"你幸福吗？"

这有点不好回答。我们更愿意回答的问题是："你快乐吗？"后一个问题直截了当。幸福是一个更私人的话题，不能随随便便就讲出来。但快乐不同，快乐可以写在脸上，渗在声音里。趋乐避苦是人的本性。尤其是当下的快乐，对所有人都具有强大的吸引力。它好像是一个终点，我们愿意停在那里。美味的食物、动听的音乐、曲折的故事、刺激的游戏……这些东西让我们沉醉。就算过去了，我们还津津乐道。

但是，快乐并不是终点，而只是人生旅途的一座座小站。几乎没有人一直沉迷在快乐中。一则快乐的边际效用会递减，重复的快乐让人乏味；二则快乐有成本，而快乐本身不足以支付这个成本。于是，为了快乐下去，我们必须抛开当下的快乐。有点悖理，却是事实。

离开当下的快乐，我们要到哪里去？常见的回答是去往下一站的快乐。然而，在到达下一站之前，我们干什么呢？大多数人将不得不努力工作，或者努力学习，这样才能支付未来的快乐成本。心理学家发现，那些主动延迟即时满足感到来的儿童，长大后更容易获得世俗意义上的成功。忙着吃巧克力的孩子，不但会吃坏牙，而且也浪费了本可以用于学习的时间。隐忍、坚毅在哪一种主流文化中都是美德：对唾手可得的快乐视而不见，努力，再努力，直至想象中的更大快乐出现。本性要求趋乐避苦，文化却号召我们吃苦耐劳。重要的不是眼前的、看得见的快乐；而是未来的、看不见的快乐。有点赌博的意味，但经济和文化却因此繁荣起来。拼搏的人生才是最有意义的。拼什么？拼工作，拼学习。

事实上，一些人是如此的拼，以至于他们几乎总是把眼前的收益贮存起来，不急于兑付，以等待更大的快乐出现。更大的快乐里面，有家庭，有事业，有意气风发的壮年，有平淡而充实的老年。他们不但希望自己这样，也希望自己的孩子这样。甚至为了孩子，不少人放弃了自己对快乐的追求。身边的人意气风发，他们隐忍；身边的人志得意满，他们隐忍。隐忍的目的，只是为了孩子能有一个好的环境，可以刻苦学习，以便长大以后能找个好工作。自然，长大以后，这些孩子也会有他们的孩子。可以想见，他们大概率会走在同一条路上。

这就让人想起下面这则故事。从前有个放羊娃，每天辛辛苦苦地放羊，让羊长肥，长肥了就可以赶到集市上卖钱，有了钱就可以买更多的羊崽来放，有更多的小肥羊，卖更多的钱，直到这些钱足够娶媳妇，娶了媳妇就可以生孩子，生的孩子就又可以放羊了……看出来了吧，我们每个人都是放羊娃，只是工种不同而已。放羊自然是想得到快乐，但为了更大的快乐，我们忘记了快乐，只记得放羊了。放羊就是我们的工作。

人生就这样代际循环。海德格尔曾经这样总结亚里士多德的一生：他出生，他工作，他死去。人生的循环，概莫能外。一代一代的人，他们出生，他们工作，他们死去。从表面上看，工作联结着出生与死亡。但是很明显，工作的意义，并不是去充当从出生到死亡的摆渡者。为什么要工作啊？因为这样就可以走向死亡了。这也太荒唐了。凡是来到世间的，终将离开。工作还是不工作，都不会改变这一点。

我们工作，显然是因为我们另有所求。

这个所求当然包括快乐。最常见的快乐包括物质的享受、权力的攫取和知识的追求。更好的工作会带来更多的财富，财富愈多，物质保障愈好，我们愈能免于饥寒之迫，疾患之苦；身体无苦痛，那是何等的轻松。更好的工作，往往能带来更大的权力，让我们能影响更多的人；一呼百应，旌旗如云，那是何等的快意。更好的工作，可以让我们知道得更多，不被无明掩蔽；一切了然于胸，那是何等的畅然。从某个意义上理解，生命就是一场自我体验。注重快乐，会让我们活得内在一些。生命，不是用来张扬的，而是用来过活的；它不是别人眼中的风景，而是自己心头的喜悦。

但事情似乎没有那么简单。物质的丰富、权力的大小和知识的渊博跟快乐的关系并不密切。不是说财富越多、权力越大、见闻越广就越快乐,忧心忡忡的富人、提心吊胆的当权者、郁郁而终的学者并不少见。人类学家发现,都市里的白领并不比丛林中的原始人更快乐。

况且,快乐不一定好。快乐是一种当下感觉。人生跟着感觉走,就像开车完全相信自动导航,有时反而到不了目的地。一些快乐是危险的歧路,在感官上诱惑我们,使我们精疲力竭,茫然无措,老子说,"五色令人目盲,五音令人耳聋";一些快乐是失意的安慰,只让我们暂时避开伤痛,舒张心意,罗隐说"今朝有酒今朝醉,明日愁来明日愁"。这样的快乐,很可能并不值得艳羡,反倒应该同情。

再者说,就算是那些生活中正面的快乐,如果我们执着于它们,很可能就会错过对更深层目标的追求。很多老人在儿孙满堂时回顾自己的一生,平平安安,快快乐乐,一直过着邻居们倾慕的生活,却依旧怅然若失:读书时,为了保险起见,没有填报更合意的学校;工作时,刚刚新婚,拒绝了外派的机会；中年升职，选择了不那么劳累但也不那么出彩的岗位……他们没有做错什么，所以他们一点儿都不后悔。他们又似乎因此错过了什么，所以他们不免有些失落。

回到前面的问题：你幸福吗？要是你不快乐，差不多你并不幸福。快乐是重要的。但是，只有快乐，我们也会有失落的时候，如果生命当中还有一些事情来不及成就，我们就并不心满意足。哲学家们认为，幸福，既指快乐，更指生命的满足。我们要的不只是当下的快乐，更是生命的满足感。心满意足，胜过任何肤浅的快乐，胜过物质、权力和知识。快乐是短暂易逝的。在恋人肩头痛哭一晚，缠绵悱恻的快乐会随着这一晚的过去而消逝，但因此带来的心满意足却是长久的，它将会在回忆中不断地为日渐消瘦的生命注入能量。心满意足了，你就幸福了，哪怕目标没有达到，哪怕人生的烛火就要熄灭。

怎样才能度过心满意足的一生，这是我们面临的最为重要的问题；长期以来，也是哲学的主要课题之一。对此几乎所有重要的哲学家都有过论述。本套丛书选编了西方哲学史上有代表性的七种回答。柏拉图说，"善"是统治世界的力量，我们应该全面地"善"待自己和他人；亚里士多德说，我们应该让自己的生命"兴旺发达"，过理性沉思的生活，活出"人"的样子；斯多葛主义者说，不要放纵盲目的欲望，要跟自然一致；奥古斯丁说，相信点什么比什么也不信强，相信这个宇宙的设计者则会得到至福；卢梭说，真实地活在自己的世界中，不要让欲求超过自己的能力；尼采说，追求自己的事业，跟痛苦"正面刚"；罗素说，有感情，但不要感情用事。在选编中，我们尽量去掉了过于理论化和技术化的部分，希望这套书能够给大家提供人生的镜鉴。

所有的雨后，都可能出现彩虹，只要有阳光，只要我们站在恰当的地方。雨，是所有的挫折；阳光，是我们对生命的热爱；哲学家们的思考，则是到达这些恰当地方的路线图。

苏德超 2020 年 4 月于武汉

目录

导读：
柏拉图其人和其哲学的独有特征 /001

I
斐莱布篇
导读

第一章 至善生活的状态

两种至善：欢乐与智慧
017 | 对于人类而言，我们的生活之所以是幸福的，是因为我们的灵魂中有某种状态，或者某种倾向。

节制与纵欲
019 | 一个明智的人是欢乐的，而且他的欢乐正源自他的智慧。

有限与无限
022 | 一切有生灭的存在物都包含"一"与"多"，并且它们的本质中都包括有限和无限。

至善生活
028 | 每个有理性的人都渴望并追求至善，急切地想得到它，并将其据为己有。

欢乐还是智慧？
029 | 如果你的一生都在享受最强烈的欢乐，那么你愿意选择这种生活吗？

至善既不等同于欢乐，也不等同于智慧？

032 对于任意的生物或者东西，只要它能选择这种至善的生活，它就必然会选择这种生活。

第二章 至善生活的因素

至善生活的原因

036 那种使得混合生活成为至善和值得选择的东西，它更接近、更像智慧和理性，而不是欢乐。

混合物原因的构成因素

038 现在让我们预设有限和无限这两类事物，然后把由无限和有限所混合而成的混合物当作第三类事物。

无限的事物和有限的事物

039 更热、更冷没有极限，不会结束；而由于它们没有终点、不会结束，它们当然是无限的。

混合物的定义

042 有限的事物并没有很多的子类，并且我们已经承认它就其本质而言就是一个整体。

混合物的原因

045 事主和原因总在自然的秩序上先于被作用物和生成物。

无限的事物

047 欢乐和痛苦都属于无限的事物。

智慧的生活

048 在宙斯的本质中，存在着最好的灵魂，也存在着最好的知识和理性。

第三章　两种最基本的欢乐

恢复到原始状态所产生的欢乐？
056 我认为如果生物体内的和谐被扰乱和破坏，那么与此同时，它们的本质也就消散了，从而产生了痛苦。

由灵魂的期待而产生的欢乐（痛苦）？
058 如果生物体内的和谐被扰乱和破坏，那么与此同时，它们的本质也就消散了，从而产生了痛苦。

既处于欢乐，又处于痛苦之中是怎样的？
064 当某人处于缺乏状态时，他感到痛苦；而当他处于充满状态时，他则感到欢乐。

第四章　错误的欢乐

是否存在错误的欢乐？
069 我承认信念有对错，但是我并不承认恐惧、期盼有对错。

不以事实为基础的欢乐是错误的
073 借助正确信念而形成的图像是正确的，而源自错误信念的图像则是错误的。

与其他欢乐或痛苦相较而得到的欢乐与事实不符？
079 当我们观看一个事物时，过近或者过远都会模糊对象的实际大小，从而使我们产生错误的信念。

没有痛苦便是欢乐与事实不符？
083 如果摆脱痛苦和享受欢乐之间有本质上的区别，那么他们关于欢乐的信念就是错误的。

第五章 最强烈的欢乐

从最强烈的欢乐中才能得到欢乐的本质

091 我们应当关注的事物并不是最无足轻重的欢乐,而是那些被认为最重要和最强烈的欢乐。

最强烈的欢乐是灵魂或身体的邪恶状态下的欢乐

093 如果我们想发现最强烈的欢乐,那么我们应关注的肯定不是在健康状态下,而是在生病状态下的欢乐。

身体处于邪恶状态,并感受到属于身体的欢乐?

095 他会称这种欢乐是最极致的享乐,并将能在生活中一直如此享乐的人当作是最幸福的人。

身体邪恶与灵魂欢乐,或者灵魂邪恶与身体欢乐?

098 正是缺乏的状态使得人想要充满的状态。

灵魂处于邪恶状态,并感受到属于灵魂的欢乐?

099 恶意是一种属于灵魂的痛苦。

第六章 正确的欢乐

纯粹的欢乐

109 这种美并不依赖于其他的事物,而就在它自身之中,而且仅仅依赖它自身。

拥有尺度的欢乐

112 纯粹的白应该是所有白的事物中最真实的,也是最美丽的白,而不是最强烈,数目最多的白。

欢乐是一种生成物,并非生活的最终目的

115 如果欢乐是一个生成物,那么它就是为了某种实在而存在,而被生成。

第七章　如何使灵魂变得更好

更精确的技艺更接近纯粹的知识
121 | 当人们通过训练和辛劳而使得猜想得以稳固，这就成了人们所谓的技艺。

哲学家的知识是最精确的，因而是纯粹的知识？
124 | 计算的技艺在精确性上远超其他的技艺。

纯粹的知识是辩证法？
126 | 最真实的知识、最纯粹知识的研究对象是实在、真实和没有变化的东西。

第八章　至善的生活

对之前至善生活讨论的总结
131 | 相比于纯粹的生活，我们更可能在恰当混合的生活中找到至善的生活。

至善生活中所包括的欢乐和知识是什么？
136 | 因为我们对知识的爱，使得我们在加入欢乐之前，就加入了各种类型的知识。

知识的生活比欢乐的生活更接近至善？
141 | 尺度和比例的特征既构成了美，也无一例外地构成了德行，也就是好与善。

根据至善生活来排序其他的生活？
145 | 理性和知识要远远好于欢乐的生活，而且对人类生活更有价值。

II 高尔吉亚篇导读

第一章　高尔吉亚所谓的修辞学

修辞学的研究对象
159 修辞学的研究对象是人世间最重大、最美好的事物。

人世间最重大、最美好的事物
161 它一方面给人类带来了自由，另一方面也给他们带来了在城邦中统治他人的权力。

修辞学所产生的说服
164 我所谓的那种说服，正如我之前所说的，是那种在法庭和任意公共集会上的说服，而它处理的对象是那些公正和不公正的事情。

修辞学家仅仅说服民众去相信某物？
166 修辞学家并没有教授给人们什么是公正，什么是不公正，而只是使得人们相信某样事物。

第二章　高尔吉亚对修辞学的定义

修辞学家比任意领域的专家都更有说服力？
169 在竞争性的活动中，人们没必要为了征服他的朋友或对手，而使用该技艺来攻击他们。

修辞学家必然拥有关于公正的知识？
174 人们根本没必要知道这些实际事宜的真相，他唯一需要的只是找出某些说服的机制。

修辞学家永远不会愿意不公正地行事

176 | 一个已经学得某种技艺的人就会被他所学的知识塑造为某种行家。

修辞学家会不公正地使用修辞学，但永远不会愿意不公正地行事？

178 | 修辞学所研究的话语总是与公正相关的话语。

第三章　拥有权力的人

苏格拉底认为修辞学并不是技艺？

183 | 修辞学并不是技艺，而只是一种用胆大妄为、巧言善辩的方式来操纵人性的技巧而已。

修辞学只是谄媚的一个部分？

185 | 有些东西会使身体和灵魂看起来健康，但实际上却并不健康。

"拥有权力"意味着给拥有权力的人带来好与善？

190 | 如果缺乏理性、知识的人去做他觉得恰当的事情，那么这便是坏与恶。

"拥有权力"意味着可以随意不公正地处死他人？

197 | 我们不应当羡慕这种不值得羡慕或者凄惨的人，而必须怜悯他。

"拥有权力"意味着随心所欲且不会带来坏处？

200 | 如果该行为没有带来好处，那么它就是一件坏的事情，而且意味着没有权力。

第四章　随心所欲而不受惩罚是否是一种快乐？

随心所欲却未受惩罚对僭主而言是最坏的？

202 | 不公正夺权且成功的人不幸福，夺权失败而遭受到惩罚的人也不幸福。

做了不公正之事的人是否会比被动遭受的人更加痛苦？

206 | 在主动做不公正的事情和被动遭受中，你、我以及任何一个人都不会选择前者而放弃后者，因为前者确实更恶。

接受公正的惩罚对被罚者而言是好事？
210 | 被罚者由于接受了公正的处罚，他自己也就得到了好与善。

做不公正的事情且不接受惩罚是最坏的？
213 | 要是一个东西在实现它的目的上带来了最多的坏处，那么它肯定是世间最恶的东西。

如果僭主行恶且逃避惩罚，那么他的生命就是最悲惨的？
215 | 幸福并不是摆脱某种恶的东西，而是永远都不沾恶的东西。

修辞学如何给人们带来好处，成为巨大的权力？
221 | 一个人必须时刻警惕，不要做不公正的事情。

第五章　自然本性上的公正

公正的事情不过是更好的人统治更坏的人？
227 | 他们服从的是自然的律法，而不是我们人类自己制定的律法。

更好的人是体格更强壮的人？
231 | 多数人所制定的律法就是优越者所制定的律法。

更好的人是比多数人更有智慧的人？
234 | 如果一个人更好，更有智慧，那么他不仅应该统治那些卑微的多数人，而且也应该胜过他们。

更好的人是在城邦事宜上拥有智慧和勇气的人？
238 | 那自律和自己控制自己的人，他统治着自己内在的欢乐和欲望。

更好的人是能最大程度放纵和满足欲望的人？
239 | 如果一个人拥有足够的能力来实现他想要的自由和无节制的欲望，那么这就是美德和幸福。

第六章　能够满足自己欲望的人是否是幸福的人？

放纵的生活比自律的生活更加幸福？
242 | 那些在地狱的人，那些我们看不见的人，也就是那些无知的傻瓜，将会是最悲惨的。

某些人最大程度地放纵和满足自己的某些欲望，却并不幸福？
245 | 好与善并不仅仅是无限制的满足或欢乐。

人们不能同时拥有幸福和悲惨？
248 | 人们总是交替地拥有幸福和悲惨，也总是交替地摆脱悲惨和幸福。

人们既能同时拥有欢乐和痛苦，也能同时摆脱它们？
249 | 好与善不同于欢乐，而坏与恶也不同于痛苦。

愚者和懦夫这样更坏的人具有更多的好与善？
253 | 更好的人与更坏的人具有同等的好或善，也具有同等的坏或恶。

第七章　修辞学如何使人变好、变善，得到幸福？

我们所做的一切都以好与善为目的？
261 | 我们所做的一切都应该以好的、善的东西为目的。

修辞学家是否能给人们带来好与善？
263 | 我觉得存在着仅考虑欢乐的东西，不管它是针对身体、灵魂，还是针对其他的事物。

令人羡慕的修辞学家应使灵魂变好、变善？
268 | 让灵魂远离它的欲望对象，让它远离会使它不受约束的事情。

如何使得灵魂变好、变善，获得幸福的生活？
273 | 要是一个人想要获得幸福的生活，他就必须追求自律，训练自我约束。

第八章 幸福的生活

拥有权力会败坏他的灵魂,从而是最坏、最恶的?
278 | 当他杀掉的是令人羡慕的好人、善人时,他自己将变成一个邪恶的坏人。

拥有权力会拯救生命,因此它是好的、善的?
283 | 崇高的、好的、善的东西并不是挽救生命和被挽救。

这些古代的政治家使得民众更野蛮?
288 | 他们每个人都应该使得民众变得比以前更好、更善。

政治家责备民众对自己行恶?
294 | 任何一个城邦的领导者,都不会被他所统治城邦的民众不公正地处死。

这些政治家的灵魂会受到怎样的审判?
298 | 不管是谁,只要他有一丁点儿的理性和勇气,他都不会害怕死亡;相反,他最害怕的是做不公正的事情。

我们如何才能过上幸福的生活?
307 | 不管是活着还是死亡,我们都要实践公正的德性和其他的美德。

编译后记 /313

导读：柏拉图其人和其哲学的独有特征

柏拉图其人

柏拉图于公元前 428 年出生在雅典的一个贵族家庭，于公元前 348 年在雅典去世。柏拉图的《第七封书信》使我们对他的生平有所了解，但除此之外，我们对其生平几乎一无所知。

如果想了解柏拉图，我们只能从他所著的篇幅长短不一的 28 篇对话录入手。综观这些对话录，尽管柏拉图从未让自己以对话人物的身份出现,也没有以旁白的形式出现;但是他确实让他的一些家庭成员出场,例如,他让他的兄弟格劳孔和阿得曼托斯在《理想国》中作为对话人物而出现。

根据柏拉图的对话录,我们首先能确定的是苏格拉底对柏拉图的人生和思想产生了巨大的影响。毕竟,如果人们想研究苏格拉底的生平和思想,只有两个资源,一个是柏拉图的对话录,另一个则是色诺芬的著作。更有传言声称"苏格拉底曾在梦中看见有一只天鹅站在自己的膝盖上,突然张开双翅,发出一声尖鸣后立即飞走了,到了第二天,就有人带着柏拉图来拜他为师。于是,他就把这个人说成是梦中的天鹅"[①]。

然而,尽管柏拉图对苏格拉底的描述是基于历史上的真实人物苏格拉底,但是柏拉图在对话录中对他的描述却并不受限于此,而是相当自由的,并添加了很多创造性的内容。我们以《斐多篇》为例来说明这种创造性:该对话录描写了苏格拉底在监狱中所度过的最后几天,以及与他的朋友所讨论的两个问题:如果某人已经竭尽全力去过好与善的生活,

---

① 第欧根尼·拉尔修:《名哲言行录》,徐开来、溥林译,广西师范大学出版社,2010,第138页。

那么对他而言，他是否应当畏惧死亡？以及在这种情况下，他是否可能希望某种超越死亡的存在？对话录的结尾则描述了在苏格拉底人生的最后一天，他是如何喝下行刑人给他的毒药，然后在他的朋友们面前去世的。但柏拉图却说，那一天他由于生病而并不在现场。

另外，我们也能确定，柏拉图早年间所身处的雅典社会和政治环境也对他的人生和思想产生了重大的影响。在柏拉图出生之前，即公元前431年，雅典和斯巴达之间爆发了伯罗奔尼撒战争。而在柏拉图已是一个青年时，即公元前404年，雅典城最终败下阵来。此后，由于雅典城的民主制被僭主统治所取代，雅典便处于动荡之中。柏拉图在他的对话录中，尤其是在《理想国》中，表达了他的反战倾向。除此之外，他还对政客的思维方式进行了一番入木三分的分析和批评。在他看来，正是由于政客过度追求政治权力和大一统的帝国主义，才导致了这场战争。

毫无疑问，正是因为柏拉图经历了这场战争和之后的余波，以及对苏格拉底的审判和行刑，他才高度怀疑现实世界中的政治制度，不管是民主制还是独裁制（在《理想国》中，柏拉图将独裁视为最坏的政治统治制度，而民主制则是倒数第二坏的制度）。此外，这也帮助他形成了独特的政治观点：

政治学是没有前途的，除非政治家和政治上的统治者都得到改进，而只有探究智慧的哲学家才能改进人类。因此，我们有必要讨论一下柏拉图所谓的探究智慧的哲学是怎样的。

对话的形式

或许，柏拉图哲学中最重要的特征就在于它采用了对话的形式。实际上，柏拉图的哲学著作都是用文字的形式来再现对话的实况。在《斐德罗篇》的结尾，柏拉图主张，当我们要寻求智慧和那些对我们而言最重要的事物时，现场实况的对话总会远远优越于书面的文字。

为什么柏拉图要以对话的形式来呈现他的哲学呢？对于柏拉图而言，哲学是一种询问，但是这种询问所针对的问题并非任意的问题，而是某些独特的问题。哲学就是询问这类特殊的问题，并追寻相应的答案。

当然了，存在着各种各样的询问，而且它们的问题也都是独特的，但是这些询问却并不属于柏拉图所谓的哲学，例如，询问"用什么方式来设计徒步靴子比较好"，或者询问"用什么方式来设计廉租房比较好"。这些问题之所以不属于柏拉图所谓的哲学问题，是因为总有些专家（例如鞋匠和建筑师），他们知道如何回答这些问题；即便他们不知道如何回答，他们所知道的也比大众所知的更多。

但是，关于哲学询问，柏拉图认为事情并非如此。在他看来，对于那些我们感兴趣的哲学询问，我们所有人都或多或少处于黑暗之中，因此并不知道该如何回答。如果老师被视作一个已经知道答案的人、一个某领域的专家，那么在制鞋和建筑领域，或许有相应的老师，但是在哲学领域，并没有这样的老师。因此，回答哲学询问的最好方式并不是去盲从专家，而是依赖自己去寻求答案，或者形成一个小团体，依靠这个小团体去寻求答案。

所以，柏拉图把苏格拉底塑造为一位不寻常的老师：对于哲学问题的答案，苏格拉底所知道的并不比他的学生多，他也并不认为他知道的更多；他只是更擅长于帮助他的学生察觉到问题、清晰地说出问题和开始思考问题，以及探究对该问题的答案。由此，柏拉图想让读者也主动地参与到对话当中，并让读者以此为契机来询问自己，认识自己。

两类问题

在柏拉图看来，这些独特的哲学问题分为两类：第一类是"X是否是Y"的问题，第二类则是"什么是X"的问题。

关于第一类的问题，我们在《高尔吉亚篇》中可以发现很多例子，例如：拥有权力是否是一件好事、善事？拥有权力是否可以随心所欲？做自己想做的事情是否就是去做他认为最好的事情？被动遭受不公正的伤害是否比主动实施不公正的行动更好、更善？如果某人做了不公正的事情，那么逃避相应的惩罚是否是好的、善的？欢乐是否是好的、善的？

柏拉图认为"X是否是Y"的问题有时会触及事情的根本，从而很难回答。甚至，有时为了回答此类问题，我们不得不先回答与之相关的第二类问题"什么是X"，这便使得回答第一类问题更加困难。

关于第二类的问题，我们在柏拉图的对话录中依然可以找到很多例子（这些例子分别来自《高尔吉亚篇》《斐莱布篇》和《理想国》）。例如：什么是拥有权力？什么是做一个人想做的事情？什么是欢乐？什么是好与善？什么是公正？

理念论

柏拉图以提出理念论而闻名。该理论认为：存在着一些叫作理念的东西，它们既不能被感官感知，也不会像被感知物一样出现变化，反而是确定不变的；除此之外，对于我们所感知到的对象，它们的存在和是其所是都依赖于理念。该理论在《斐多篇》和《理想国》中表现得尤为明显。

根据柏拉图对哲学问题的理解，为了理解理念论，我们应当询问理念论和这些问题是如何联系起来的。在柏拉图看来，为了回答"X是否是Y"的问题，我们需要考察"什么是X"的问题，而后一个问题所询问的明显就是X的本质是什么。

对于"什么是X"的问题而言，柏拉图认为，如果我们只是指向我们所感知的事物，并以此作为答案，那么我们的回答必定是不恰当的。举例来说，在《大希庇阿斯篇》中，对于"什么是美"的问题，在他看来，如果我们只是指向某位漂亮的女子，或者美观的乐器，并以此作为答案，那么我们的回答肯定是不恰当的。

对于这类问题，我们应当在语言中，通过理性推理和论证来寻求相应的答案。如果我们发现了"什么是X"的答案，那么这就是柏拉图式的理念。这些理念不能被感官所感知，因为我们无法仅通过指向感知物来回答该问题。除此之外，理念是不变的，因为它们是本质，是事物是其所是的东西；而某物一旦是X，那么它就不可能不是X，因此它的本质也就不可能发生变化。

对柏拉图而言，"什么是X"的问题和理念论之所以这么重要，是因为只有当我们知道什么是 X 的答案之后，我们才拥有可靠的标准来判断某物是否是 X。例如，只有当我们知道了"什么是美"之后，我们才能判断某物是否是美的，当然，也只有当我们知道了"什么是拥有权力"之后，我们才能判断一个身居高位的人是否拥有权力。

柏拉图之所以提出理念论，就是为了反驳以希庇阿斯（见《大希庇阿斯篇》）为代表的那种观点，也就是日常的观点，以及我们都倾向于认为显然如此的观点。根据日常的观点，我们都知道什么是美，什么是拥有权力，等等。具体而言，只要我们用感官与那些美的、拥有权力的事物打过交道，那么我们不用进行任何探究，便能立即拥有美的标准、权力的标准，等等。与此相反，柏拉图主张：如果我们要知道这些标准，不管是美的标准还是拥有权力的标准，那么我们必须要进行困难而严苛的理性探究，也就是柏拉图对话录中苏格拉底常常从事的那种探究活动。

柏拉图幸福学说的核心特征

柏拉图并没有把哲学问题区分为伦理学问题和其他问题。相反，他认为所有哲学问题的处理对象都是一样的，那就是对我们人类而言最重要的事情，也就是他所谓的"人世间最重大、最美好的事物"。这些事情既包括了伦理学问题，例如哪种生活方式是值得人渴求的，也包括了其他的东西，例如我们所居住于其中的世界和宇宙的本质。柏拉图不仅把这两者都归入最重要的事情，而且他认为这两者之间并无明显区别。

我并不打算在此对柏拉图的幸福学说进行总结，因为它的最佳实现方式是通过学习柏拉图的对话录，例如通过本书所编译的《高尔吉亚篇》和《斐莱布篇》。

然而，我仍要强调柏拉图幸福学说的一个核心特征，那就是对自己的好与善和对他人的好与善在本质上的同一性。尽管柏拉图在《高尔吉亚篇》提及了该特征，但他在《理想国》中才首次给出辩护。在《理想国》《斐德罗篇》和《会饮篇》中，柏拉图认为，对自己的好与善和对他人的好与善并无本质上的冲突；相反，由于它们只是对同一个善的不同看法，它们不仅在本质上可以相互调和，而且能形成一个整体。

一般而言，我们会认为对自己好的事物和对他人好的事物之间存有冲突。但在柏拉图看来，这种看法则来源于灵魂的败坏，以及错误的思想方向和方法。在《高尔吉亚篇》之后，柏拉图对此进行了辩护，但是他的辩护却分散在诸多对话录中，而且牵扯了很多内容。因此，我只能根据该辩护的大致轮廓，指出其中的三个核心观点。

第一，柏拉图在《理想国》中提出了一种独特的说法来解释我们的直觉，也就是：为什么根据个人和政治上的经验，我们会觉得对自己好的事物和对他人好的事物容易产生冲突。柏拉图认为该冲突一般源自我们无限制的欲望，正因为我们拥有无限制的欲望，我们才不得不牺牲他人的好与善来满足自己的欲望。而在他看来，拥有无限制的欲望，对此人而言，永远都不会是好事、善事。

第二，同样在《理想国》中，柏拉图还主张我们作为个人并不自足；相反，即便是生活中最简单的工作和最不起眼的日用品，我们都必须依赖于他人和合作（这种合作的活动在本质上涉及一些人，甚至包括了整个社会）。例如，即便是最简单的耕地活动，我们仍需要一些精通制作工具的人，擅长耕地的人，还有将农产品运至市集的人，等等。因此，为了实现某一个活动，我们甚至需要整个社会和经济的协同。

第三，在《斐德罗篇》和《会饮篇》中，柏拉图主张：根据人类的本性，人们会被彼此所吸引，从而参与到合作和分享的协同活动中去。那种将我们吸引到一起的力量就是"爱"，而它有诸多不同的表现形式。我们最熟悉的就是性的结合和养儿育女的概念，这两者就形成了家庭。其次，所有由协作而产生的创造性活动，例如写作、绘画等各种艺术创作，也表现了爱的力量。即便是探究真理和智慧的协同活动，在柏拉图看来，它最好的形式（哲学）也体现了爱的力量。

柏拉图用多种不同的方式来表明：如果我们想以好与善为目的，那么我们必须要试着解决对自己好的事物与对他人好的事物之间的冲突，也就是说，我们要试着将两者彼此调和，并最终合二为一。这种调和的状态就是柏拉图所谓的自然状态、原始状态。然而我们现实的状态却被这两者之间的冲突所支配，被败坏的灵魂以及错误的思想方向和方法所支配，我们因而脱离了原始状态，也变得不再自然。

瓦西里·波利[1]

2021 年 3 月

---

[1] 本书导读部分为译者邀请其导师瓦西里·波利提撰写，因字数限制，由译者节选编译而成。

I

斐莱布篇

导读

总体上看,《斐莱布篇》似乎要解决两类看起来特别不同的问题。第一类问题诸如:欢乐是什么,欢乐在幸福生活中的地位如何,以及欢乐和知识之间的价值比较;而第二类问题则是:一与多、整体与部分之间的关系是怎样的,以及任意的一个物体如何既是一,又是多。

尽管我们应当聚焦于第一类关于欢乐的问题,但是值得注意的是,柏拉图也清楚地表示:在欢乐的问题和一与多的问题之间确实存在着坚实的联系,因为在他看来,尽管欢乐是一个单一的整体,但它同时也拥有很多不同的种类。这些种类之间的关系极其复杂，以至于某些欢乐是好的、善的，而某些种类则是坏的、恶的，剩余的则可能是好的，也可能是坏的，具体要根据它们的使用方式来判断。

柏拉图似乎认为这种由一与多、相同与不同、相似与差异所组成的混合物（例如欢乐）使人极其困惑，因此我们有必要对混合物本身进行考察，而不应仅局限于欢乐这种现象。实际上，在《斐莱布篇》中，柏拉图将对一与多、它们所形成的混合物，以及对该混合物的形成原因的探究，应用在所有的事物上，不仅包括所有个别的事物，而且包括作为整体的宇宙自身。我们在此便能清楚地看到：柏拉图是如何将我们视作不同的哲学主题，也就是伦理学、心理学和形而上学结合在一起的。

针对上述这些问题，《斐莱布篇》做出如下回答：第一，由知识和欢乐所组成的生活比知识的生活或者欢乐的生活更好、更善，更值得人们选择；第二，在生活中，借由沉思和知识而得到的纯粹欢乐比其他欢乐更加重要。

但是，苏格拉底并未止步于此。在他区分各种不同种类欢乐的同时，他也向我们提出了诸多与之相关的问题。这些问题如下：

由恢复性的欢乐所构成的生活是否令人渴求？还是说，

那种将恢复性的欢乐限制在最低程度（对我们人类而言，就是严格地将其限定在人类所需要的最低水平）的生活，更令人渴求？

如果生活仅包括必然与痛苦混合的欢乐（最强烈的欢乐），那么该生活是否令人满意？还是说，那种由纯粹的欢乐所构成的生活，那种由必然不与痛苦相混合的欢乐所构成的生活更令人满意？

如果某些欢乐是好的，而另一些欢乐是坏的，有些欢乐是正确的，而另一些欢乐是错误的，这是否意味着：在我们人生最重要的事情中，也要包括正确区分这些不同种类的欢乐？还是说，我们的任务更加艰难，我们不仅要区分这些欢乐中的好坏对错，而且要区分所有其他事物中的好坏对错？

苏格拉底对这些问题已经做出了自己的回答，但是，柏拉图依然想让读者自己去做出判断，甚至鼓励我们要比苏格拉底更具怀疑和探究精神，那么你的选择会是什么呢？

第一章　至善生活的状态

两种至善：
欢乐与智慧

苏格拉底：斐莱布认为，对每一种生物而言，好与善就是得到满足、使之欢乐或高兴，以及拥有与之类似的感觉。而我认为，好与善并不是这些感觉，而是智慧，知识和记忆，以及属于这一类的真意见和正确的推理；并且，对于所有可以获得这些能力的生物而言，这些能力不仅比欢乐和满足更好、更优越，而且不管是现在还是未来，这些能力都是所有事物中最有优势的。斐莱布，这就是我们各自的立场，对吗？

斐莱布：很对，苏格拉底。

苏[①]：所以，我们当前的任务就是竭尽全力地判定哪一个观点为真。

[①] 在下文中，我将用"苏"作为"苏格拉底"的简称，"斐"作为"斐莱布"的简称。对于之后出现的新人物，我会在他首次出现时用全称，之后则用简称。——译者注

普罗塔库斯（Protarchus）：是的。

苏：好。这里还有一个观点，你是否同意？

普：什么观点？

苏：解决该问题后，你和我接下来都将尝试证明：对于人类而言，我们的生活之所以是幸福的，是因为我们的灵魂中有某种状态，或者某种倾向。是不是？

普：确实如此。

苏：你认为这是欢乐的状态，而我认为这是智慧的状态，对吧？

普：是的。

苏：设想存在着第三种生活，并且它优于上述的两种生活，那会怎样呢？如果这第三种生活肯定拥有这种优越性，那么我们两人都会被击败，是不是？而且，如果这第三种生活更接近欢乐，那么欢乐的生活仍优于智慧的生活，是不是？

普：确实。

苏：然而，如果这种生活更接近于智慧，那么智慧的生活就获得胜利，而欢乐的生活则会吞下败果。你同意吗？或者你怎么说？

斐：在我看来，不管发生什么，欢乐的生活现在是赢家，而且永远都是赢家。但是，普罗塔库斯，你必须自己决定你的立场。

节制与纵欲

苏：至于欢乐，我知道它有很多不同的形态。因此，正如我之前所说，我们必须从欢乐入手，并详细考察欢乐的本质是什么。

如果一个人仅根据欢乐的名字来考察诸多欢乐，那么诸多的欢乐应该是同一种东西。但实际上，欢乐有很多不同的种类，并且有些种类在某些方面极不相似。例如：我们会说肆意挥霍的人是欢乐的，但是我们也会说有节制的人是欢乐的，而且他的欢乐正源自他的节制；除此之外，我们会说一个脑中充满了错误意见和愚蠢幻想的傻瓜是欢乐的，但同样地，我们也会说一个明智的人是欢乐的，而且他的欢乐正源自他的智慧。然而，毋庸置疑，要是有人认为某一组中的两种欢乐是近似的，那么他就要被称为傻瓜了。

普：苏格拉底，这些欢乐确实来自截然相反的源头，但是就其自身而言，它们并不相反，因为欢乐之间再怎么不同，它们总还是欢乐，而欢乐怎么可能不与欢乐最为类似呢？也就是说，事物自身怎么可能不与自身最为类似呢？

苏：是的，我的朋友，颜色也最像颜色；不同的颜色，在它们每一个都是颜色这方面，并没有什么不同。但是我们都知道黑色不仅不同于白色，而且两者截然相反。类似地，形状之间也最为相似；虽然诸多形状都属于同一个种类，但是某些形状与另外一些形状却截然相反，并且它们之间有无穷的差异。除此之外，在很多其他种类的例子中，我们也可以找到类似的情况。

尽管你试图通过上述论证，来证明诸多彼此截然相反的东西是相似的，但是我们发现该论证有很多反例，所以请你不要再依赖这个论证了。因此，我想我们也可以找到一些截然相反的欢乐。

普：很可能。但这如何伤害到我的立场呢？

苏：因为尽管这些欢乐如此不相似，你却将同样的修饰词赋予所有的欢乐，即你认为所有的欢乐都是好的、善的。虽然现在没有人能证明欢乐并不是欢乐，但是正如我们现在所做的，他有可能证明大部分的欢乐都是坏的、恶的，而只有小部分的欢乐是好的、善的。

现在，你一方面认为所有的欢乐都是好的、善的，而另一方面，要是有人逼问你的话，你也不得不承认这诸多的欢乐是不同的。因此，你必须告诉我们：这种既存在于好的、善的欢乐，也存在于坏的、恶的欢乐中，并使得你认为它们好与善的同一个特征是什么？

普：苏格拉底，你在说什么呀，难道你认为会有这样的人，他一方面同意所有的欢乐是好的、善的，另一方面却认为，只有一小部分的欢乐是好的、善的，其余的欢乐则是坏的、恶的？

苏：这么说，你确实承认有些欢乐不同于另一些欢乐，有时候二者甚至是截然相反的？

普：如果在它们都是欢乐的意义上，我不会承认它们之间有所不同，更不用说截然相反了。

苏：普罗塔库斯，你又退回原来的立场了。如果按照你的说法，我们是不是要说：这些欢乐之间并没有不同，反而都是相似的，难道你完全忘记我们之前所给的例子了吗，难道我们要像初涉讨论、没有经验的新手一样，总是重复相同的观点吗？

普：你什么意思？

…………

苏：当你问我什么是至善的时候，智慧、知识和理解，以及其他我视之为好与善的那一类东西，是否会遭遇与欢乐相同的命运？

普：你什么意思？

苏：看起来，知识是一个很庞大的类，它不仅包括很多不同的分支，而且某些分支与另外一些分支截然不同。设想我承认知识甲和知识乙在某个方面是截然相反的，但是我却依然认为它们之间没有区别，那么和我继续讨论还有价值吗？如果按照这种方式进行讨论，那么我们的结局会像童话故事一样，尽管历经荒谬，但我们（各自的观点）却安然无恙。

普：除了我们安然无恙的那一部分，我们必须避免其他事情的发生。但我还是很满意的，因为我们俩的观点会遭遇相同的命运。所以，就当我们都同意有很多不同种类的欢乐，而某些欢乐之间截然不同；同样地，也让我们承认有很多不同种类的知识，而某些知识之间也截然不同。

有限与无限

苏：尽管这个原则用起来极其困难，但是指出它来却很容易，因为各种技艺都是通过该原则才被创立的。让我们看一下该原则究竟是什么。

普：请告诉我们。

苏：在我看来，诸神通过普罗米修斯（Prometheus）之手赠予人类两种礼物：一种是最耀眼的火，另一种则是该原则。以前，我们的祖先比我们更好、更善，住的地方也比我们更接近诸神，他们用故事的形式将此原则传给我们：一切有生灭的存在物都包含"一"与"多"，并且它们的本质中都包括有限和无限。

由于该原则反映了世间万物的秩序，因此在我们探究万物的过程中，我们总要先预设每个存在物都属于某个整体，并且随着我们的探究，我们终将发现这个整体、这个"一"。在我们理解这个整体之后，我们就要寻找在"一"之后的"二"；如果我们找不到"二"，我们就要寻找"三"；如果我们找不到"三"，我们就要寻找"四"，以此类推。

我们应当以相同的方式来探究事物的"一""二""三"以及其他的数目，直到我们不仅确定这个最初的整体是"一""多"和无限，而且确定多的具体数目。我们不能一开始就预设多是无限，而不去探究在"一"与无限之间，"多"的具体数目。只有在我们给出具体的数目之后，我们才有资格从"一"过渡到无限，才能结束这次探究。

正如我说的，这种探究、学习和教学的方法是诸神留给我们的遗产。但是，在处理"一"与"多"的问题时，我们当代的聪明人不是太快，就是太慢。有时候，他们急匆匆地从整体直接抵达无限，却忽略了处于它们之间的所有事物。然而，这个确定多的具体数目的步骤是极其重要的，因为正是它决定了我们是在用辩论法思考问题，还是仅仅在争吵。

普：苏格拉底，我觉得我理解了一些东西，但是我想请你再解释下其他的东西。

苏：普罗塔库斯，如果以字母表中的字母为例，我的意思会很清楚。既然你曾经学习过字母，那么你应该能从中得到启发。

普：怎么说？

苏：从我们口中所产生的声音都是"一"，不管这声音是来自于我们所有人的口中，还是仅来自于某个人的口中，但它在数目上又是无限。

普：是的。

苏：如果我们仅知道声音是无穷的"多"，或者仅知道声音是"一"，那么我们仍不知道声音是什么。但是，如果一个人知道声音具体有多少种，并且知道每一个种类的本质是什么，那么他就是一个语言学家了。

普：正是如此。

苏：这种知识也使得他成了音乐家。

普：为什么？

苏：因为音乐这门技艺的研究对象也只是声音。

普：是的。

苏：我们应当设定低音、高音，以及等音作为第三种声音。还是说，你有其他的说法？

普：我同意。

苏：但是，仅仅知道这三个术语并不足以使你成为音乐家；可要是你连这三个术语都不知道的话，你对音乐就是极其无知的。

普：是啊。

苏：所以，我的朋友，只有你懂得高音和低音分别有多少音程和各个音程的特征，知道各个音程由哪些音构成，以及这些音程所构成的旋律，而且掌握了我们的先辈们已经发现并传给我们的知识，也就是和声的各种调式和音乐对身体运动所造成的结果（这些运动被数目测量，而被称为韵律和节拍），你才能成为一个音乐家。

对于任意的存在物而言，只有你以这样的方式考虑它，你才算已经掌握了它的整体，从而知道了它的整体。相反，如果某人从来没有研究过该对象的具体数目，就断言该对象拥有无穷的"多"，那么他将处于永恒的无知之中；并且，如果一个人从不探究任何事物中"多"的具体数目，那么人们

不会认为他拥有智慧。

....

苏：如果一个人从"一"（整体）入手来研究某对象，那么正如我之前所说的，他不应该从"一"直接跳到无限，而是要先确定"多"的数目。现在我要倒过来说，如果一个人从无限开始研究某对象，那么他不应当直接跳到"一"，而应当思考一些具体的数目，而这些数目会在每个例子中拥有一些"多"，最终将这些确定的数目整合为"一"。现在，让我们再次利用字母表中的字母来解释一下这个原则。

普：怎么解释？

苏：某些神或神圣的人发觉人类的声音是无限的，在埃及的神话中，发现这个现象的是图特（Thoth）。首先，他发觉无限的声音中，元音并非只有一种，而是有多个种类。然后，他察觉到一些半元音，它们并不是元音，但是发音方式类似元音，这些半元音也并非只有一种，它们也有具体的数目。之后，他在两者之外找到了第三种声音，也就是我们说的辅音。在此之后，他根据元音、半元音和辅音的数目和种类，将它们分为一个个单独的声音，直到他知道它们的具体数目，最后给每种声音分配一个字母。

然而，他发觉我们永远无法通过某个字母自身而掌握该字母，而必须学习所有其他的字母。因此，他创造了一种使所有字母以某种方式结合为"一"的纽带，他将所有的这些东西当作一门技艺，称之为语法。

斐：普罗塔库斯，这个例子使我对"一与多的原则"有了更深的了解。但是，苏格拉底，你的这些解释和我们的论证又有什么关系呢？

苏：相信我，对于你的问题，答案的各种线索都已经摆在你的面前了。

斐：怎么可能？

普：我们最开始要讨论的问题是：智慧和欢乐，哪一个更值得选择，是不是？

斐：是的。

苏：我们认为智慧和欢乐分别都是"一"，是不是？

斐：是的。

苏：这正是我们之前讨论所探究的问题：智慧和欢乐如何既是"一"，又是"多"；并且为什么我们不能预设它们直接就是无限，而要在其成为无限之前，先确定它们的具体数目。

普：……在我看来，苏格拉底的问题是：欢乐是否有很多子类；如果有的话，那么种类的数目是多少，以及每一个子类的本质分别是什么。当然了，同样的问题也要应用在智慧上。

苏：普罗塔库斯，你说得很对。正如我们之前所示，对于每一个整体、每一对相似物、每一对相反的事物，如果我们无法说清它们各个子类的数目，以及各个子类的本质分别是什么，那么我们的讨论是没有价值的。

至善生活

苏：我记得在很久之前，我听过一些关于欢乐和知识的说法，但是我也弄不清楚我是在梦中听到的，还是清醒时听到的。它的结论是：欢乐和智慧都不同于至善；至善是一个与它们不同，且比它们都优越的第三种东西。倘若我们可以清晰地得到这个结论，那么欢乐就会失去冠军的位置，因为至善不再等同于欢乐，是不是？

普：是的。

苏：所以，我觉得我们就没必要再区分欢乐的不同子类了。即便如此，随着我们讨论的进行，这些子类还是会愈发清晰。

普：你说得很对，请继续讲吧。

苏：但是，让我们先同意以下几个小观点。

普：什么小观点？

苏：至善的本质必然是完备的，还是不完备的？

普：苏格拉底，至善当然是所有事物中最完备的。

苏：至善必须是自足的吗？

普：是的，并且它比所有其他的事物都更为自足。

苏：我得说，以下这种说法是最确定的：每个有理性的人都渴望并追求至善，急切地想得到它，并将其据为己有；而对不包含好与善的事物，则没有一丝的兴趣。

普：我不能否认。

欢乐还是智慧？

苏：现在让我们把欢乐的生活和智慧的生活分开，并分别对它们进行考察和评价。

普：这是什么意思？

苏：设想欢乐的生活中没有任何智慧，而智慧的生活中没有任何欢乐。如果它们之中的任意一种是至善生活的话，那么它必然不需要其他额外的东西；但是如果它们之中的某一种仍需要其他额外的东西，那么它就不可能是真正的至善生活。

普：当然不是。

苏：那么你愿意帮助我们来考察这两种生活吗？

普：你问吧。

苏：普罗塔库斯，如果你的一生都在享受最强烈的欢乐，那么你愿意选择这种生活吗？

普：我肯定愿意。

苏：如果你已经拥有了所有的欢乐，你是否觉得你仍需要其他的东西呢？

普：肯定不需要。

苏：你考虑一下。你是否需要智慧、理性、计算你的欲望的能力，以及其他类似的东西？

普：为什么我还需要这些东西？如果我已经拥有了欢乐，那么我就拥有了所有的东西，什么都不缺。

苏：如果你这样活着，那么你是否能在你生命的每一刻都享受最大的欢乐呢？

普：肯定能，为什么不能呢？

苏：但是，如果你缺乏理性、记性、知识，也缺乏真意见，那么从一开始，你便必然无法知道你现在是否正在享受欢乐。这必然是真的，因为你没有一丁点的理性，是不是？

普：确实必然如此。

苏：类似地，正是由于你缺乏记性，你也不可能记得你过去曾经享受过欢乐；并且这一刻的欢乐也不可能保留到下一刻，因为它无法存留于你的记忆之中。除此之外，由于你缺乏正确的判断能力，即便你当前正在享受欢乐，你也无法察觉、无法认识到你现在正在享受欢乐。最后，由于你缺乏计算能力，你也无法对你未来将要享受的欢乐进行计算。

如果你选择了这样的生活，你的生活便不是人的生活，而只是软体动物的生活，比如牡蛎那种动物的生活。你还能想出其他的可能吗？

普：当然不能。

苏：那么，这样的生活值得我们去选择吗？

普：苏格拉底，这个论证使我现在无言以对。

苏：尽管如此，我们也不能灰心丧气。现在让我们考虑一下智慧的生活。

普：它是怎样的？

苏：我想知道在我们之中，是否有人愿意选择这样的生活：他拥有智慧、理性和知识，并记得所有的东西，但他却没有一丁点儿的欢乐，也没有痛苦，他与欢乐和痛苦之类的感觉完全绝缘。

普：至少对我而言，这两种生活都不值得选，并且在我看来，也不会有其他人愿意选择这两种生活。

**至善既不等同于欢乐，
也不等同于智慧？**

苏：但是，普罗塔库斯，要是把这两种生活混合为一种生活，你是否会选择这种混合的生活呢？

普：你的意思是一种由理性、智慧和欢乐混合而成的生活？

苏：是的，这就是我所说的混合生活。

普：毫无例外，相较于前面的两种生活，每个人都会更喜欢这种混合生活。

苏：但是，你是否理解这对我们讨论所造成的影响？

普：当然了。影响就是：在你提供给我们的三种生活中，前两种生活都是不完备的，都缺少些什么，并且这两种生活都不值得人类或者其他动物选择。

苏：毫无疑问，前两种生活都是不可能包含至善的生活，因为如果它包含了至善，它就应该是自足的，完备的，并且对于任意的生物或者东西，只要它能选择这种至善的生活，它就必然会选择这种生活。然而，如果我们之中有人选择了其他种类的生活，那么他所选择的生活便与真正值得选择的生活截然相反。因此，这并非出于他的自由选择，而是要么出于他的无知，要么出于某些不幸的必然性。

普：看起来确实如此。

苏：斐莱布，我是否已经充分辩护了我的立场——欢乐不等同于至善？

斐：苏格拉底，你所拥护的智慧也不等同于至善，否则，它也会遭遇相同的反驳。

第一章　至善生活的状态

针对什么是好的生活的问题,斐莱布认为,"对每一种生物而言,好的生活就是使之满足、欢乐或高兴,以及拥有与之类似的感觉"。不同于斐莱布,苏格拉底认为"好与善并不是这些感觉,而是智慧,知识和记忆,以及属于这一类的真意见和正确的推理;并且,对于所有可以获得这些能力的生物而言,这些能力不仅比欢乐和满足更好、更优越,而且不管是现在还是未来,这些能力都是所有事物中最有优势的"。

为了驳斥斐莱布的立场,苏格拉底给出了以下两个论证:第一,欢乐并非必然是好的、善的,因为既有好的欢乐,又有坏的欢乐;第二,即便欢乐必然是好的、善的,只有欢乐的生活也并不是最好的生活。

苏格拉底给出的第一个论证是:欢乐有很多不同的种类,并且某些欢乐之间截然不同;更重要的是,在这些种类中,有些欢乐是好的、善的,有些欢乐则是坏的、恶的。所以欢乐并不必然是好的、善的。斐莱布并没有完全接受这个论证。一方面,斐莱布接受了欢乐有很多不同的种类,并且某些欢乐之间截然不同。但是另一方面,斐莱布却认为好与善并不属于这些截然相反的性质,因为欢乐必然是好的、善的,不可能是坏的、恶的。换句话说,斐莱布的立场是:尽管某些不同种类的欢乐之间在某些性质上会截然相反,但在好与善这个方面，不可能截然相反。

　　苏格拉底意识到上述的论证思路并没有使斐莱布信服。由于延续这个论证思路需要苏格拉底对欢乐进行细致地划分，并指出具体哪种欢乐是坏的，哪种欢乐是好的，所以苏格拉底现在就暂时更换了论证策略，并在第三章延续了这个论证思路。而在本章剩余的部分和第二章中，苏格拉底采用了一种新的论证思路：利用至善生活的概念来说明"只有欢乐的生活并不是最好的生活"。

　　斐莱布和苏格拉底都同意至善生活是最完备的，它必然不需要其他额外的东西；相反，如果某种生活仍需要其他额外的东西，那么它就不可能是真正的至善生活。显而易见，仅有欢乐的生活并不是至善生活。因为，如果一个人仅有欢乐的生活，而缺乏理性（例如记性，判断），那么他不可能记得他过去曾经享受过欢乐，而且，即便他当前正在享受欢乐，他也无法察觉、无法认识到他现在正在享受欢乐。所以，仅有欢乐的生活并不是完备的，也就并不是至善生活。类似地，仅有理性的生活也并不是至善生活。因为在这种生活中，他拥有智慧、理性和知识，并记得所有的东西，但他却没有一丁点儿的欢乐，也没有痛苦，他与欢乐和痛苦这一类的感觉完全绝缘。所以，仅有理性的生活也并不完备，也并不是至善生活。

　　由此，斐莱布和苏格拉底都同意，至善生活应该是既包括欢乐又包括理性的生活。

第二章　至善生活的因素

**至善生活的
原　因**

苏：斐莱布，或许至善并不等同于我的智慧和理性，可要是你觉得至善也不等同于神圣的智慧和理性，那你就大错特错了，因为我的智慧和神圣的智慧极其不同。

然而，我现在也不会宣称智慧的生活应该挤掉混合的生活，从而夺得冠军的位置，但是我们必须考察并决定哪种生活应该是第二名。

你可能会断言欢乐是至善生活的原因，而我则会断言智慧是至善生活的原因。设想我们两人中某人断言为真，那么即便这两种生活都不等同于至善的生活，其中某一种生活也会被当作至善生活的原因。在这种情况下，我可能仍采取与斐莱布相反的立场，我会继续争论：那种使得混合生活成为至善和值得选择的东西，它更接近、更像智慧和理性，而不是欢乐。如果这是真的，那么欢乐的生活既不能是第一名，也不能是第二名；实际上，如果大家相信我目前对此的洞见，欢乐的生活甚至连第三名都排不上。

普：苏格拉底，在我看来，你之前的论证似乎已经驳倒了欢乐的生活等同于至善的生活。在欢乐的生活冲击冠军的征途中，它已经失败了。但是，对于智慧的生活而言，我们也奉劝它放聪明点，别去争那第一名的位置，否则它也会遭遇相同的命运。

现在，倘若欢乐的生活不仅失去了第一名的位置，而且被剥夺了获得第二名的机会，那么她的拥趸们肯定会认为她已经破损得不成样子了，因为即便在他们看来，欢乐也已经光彩不再，人老珠黄了。

苏：那么接下来做什么呢？我们是不是最好把欢乐的生活放着这里，不要用最严苛的考察来折磨它，不要让欢乐受到痛苦吗？

普：苏格拉底，你可别胡说了。

苏：为什么呀？难道因为"让欢乐受到痛苦"是自相矛盾的吗？

普：不仅如此，还因为你并没有意识到，要是你没有完成这个论证的话，我们都不会让你回家的。

**混合物原因的
构成因素**

苏：我要给出我们讨论的起点了，但是我们要极其谨慎。

普：什么样的起点？

苏：对于宇宙中现存的所有事物，让我们将其分为两类，或者三类，如果分为三类更好的话。

普：你基于什么原则，做出了这样的划分？

苏：就是我们之前已经讲过的原则。

普：什么？

苏：我们之前说过，"神明将万物分为无限和有限"，是不是？

普：当然了。

苏：现在让我们预设有限和无限这两类事物，然后把由无限和有限所混合而成的混合物当作第三类事物。当我对这些东西进行划分和计数时，我看起来可能会很蠢。

普：你什么意思？

苏：因为看起来，将事物分为三类还不够，我们仍需要第四类事物。

普：告诉我们这第四类事物是什么。

苏：无限和有限所形成的混合物，总还要有个原因，我就把形成混合物的原因当作第四类事物。

普：那么这个混合物的分离是否也需要一个原因呢？你是否还需要第五类事物？

苏：或许吧，但至少现在看来，我并不这么觉得。但是如果今后我的确需要第五类事物，那么请你允许我假定它存在。

普：肯定的。

无限的事物和有限的事物

苏：让我们先考察前三种事物。在这三种事物中，我们已经发现前两种都被分为很多小的种类，并且各个种类之间极其分散。现在，让我们努力地将这些部分统一起来，然后看一看为什么它们彼此既是"一"，又是"多"。

普：要是你能解释得更清楚些，或许我就能跟上你了。

苏：前两类事物就是我之前所说的东西——无限和有限。我会先解释无限在某个意义上就是"多"，过一会儿我们再来讨论有限。

普：同意。

苏：那么现在，请打起精神，因为我请你思考的问题极其困难，并且存有争议，但是你不能做逃兵，反而要全力以赴。

首先，当我们说到更热和更冷的时候，你能想象出它们的极限或界限吗？还是说"更多、更少"实际上存在于更热、更冷的本质之中，而只要"更多、更少"存在于更热、更冷之中，那么后者就不可能结束？因为一旦更热、更冷结束了，那么处于其中的更多、更少也会结束。

普：很对。

苏：但是，我们很确定：在更热、更冷中总存在更多、更少。

普：当然了。

苏：因此，该论证表明：更热、更冷没有极限，不会结束；而由于它们没有终点、不会结束，它们当然是无限的。

普：是的，苏格拉底，我强烈赞同。

苏：普罗塔库斯，你理解得很到位，除此之外，你的回答也提醒了我另一件事。你刚才回答中的"强烈"，当然还有它的反义词"微弱"，与更多、更少具有相同的力量。每当强烈、微弱出现时，它们并不允许确定的数目存在。换句话说，一旦我们说某个举动是"强烈"或"微弱"的，我们便在该举动中引入了程度的概念，并且创立了一种更强烈和不那么强烈、更微弱和不那么微弱之间的比较。由此，我们便创造了更多、更少的关系，从而使确定的数目消失了。

因为正如我刚才所言,对于任何事物而言,如果它并未废除数目,而允许数目和尺度出现在更多、更少和强烈、微弱的住所,那么后者最终将会被赶出自己的住所。一旦它们接受了确定的数目,它们也就不再是更冷、更热(因为更冷和更热永远都在变化,而不会在任何一刻满足、停止)。但是,拥有确定的数目却意味着静止,或者变化的停止。因此,根据这个论证,更冷、更热应该属于无限的事物。

…………

苏:所有在我们看来可以被"更多、更少""强烈、微弱"和"过多、过少",以及诸如此类的词语描述的事物,应当都被归入无限这一类。这与我们之前所说的东西也是一致的,即对于那些被切分为"多"并且相互分散的各个子类而言,我们应当将它们统一起来,竭尽全力找出它们统一的本质。你还记得吗?

普:我记得。

苏:现在让我们考察一下那些不承认更多、更少或与之类似的东西,但是承认与之截然相反的东西的事物。首先就是那些承认"相等"和"相等性"的东西,之后便是承认"两倍"的东西,接下来便是承认其他数目作为比例或尺度的东西。我觉得,我们把这些东西归为有限那一类,是正确的做法。

你怎么看？

普：完全同意。

混合物的定义

苏：很好。当我们考察第三类事物，也就是前两种事物的混合物，它们的本质又是怎样的呢？

普：请你告诉我答案。

苏：我们刚才讲了更热和更冷，是不是？

普：是的。

苏：现在，给它们加上更干、更湿，更多、更少，更快、更慢，更大、更小，以及其他我们认为应该属于更多、更少那一类的事物。

普：你说的是无限的事物？

苏：是的。现在你把无限的事物和第二类事物混合起来。

普：你说的是哪一类事物？

苏：就是有限的事物。正如我们统一无限的事物，我们也应该将有限的事物统一起来，而之前我们却一直没有这么做。但是，通过我们对无限和有限的统一，如果有限的统一体也变得明显起来，那么或许我们依然可以将有限的事物统一起来。

普：你所谓的第三类事物是什么？

苏：就是拥有相同、两倍，并且不允许有不同或相反这一类特征的事物，而且它们通过引入数目而使得自身变得等同、和谐。

普：我明白了。在我看来，你的意思是：这两种事物的混合在每个可感事物中产生了某个后果。

苏：我是这个意思。

普：那就继续吧。

苏：在生病的例子里，这些元素恰当的组合就产生了健康，是不是？

普：当然。

苏：对于声音中的无限，例如更高、更低，更快、更慢，是否也会发生相同的情况？难道不正是因为在无限的声音中加入了原则、限制，音乐系统才完美地建立起来了吗？

普：说得漂亮。

苏：同样地，如果在更冷、更热的天气中引入有限，引入界限，它是否会终结更冷、更热中的过量和不确定，从而在该领域建立起尺度和和谐。

普：当然。

苏：因此，通过有限事物和无限事物的混合，便产生了四季以及世界上其他美好的事情。

普：毫无疑问。

苏：当然这样的情况还有千千万万，例如身体健康、美丽、强壮，以及灵魂中的美丽和完善，在这里我就不一一赘述了。

我亲爱的斐莱布，正是女神她自己察觉到我们拥有过度和过量的邪恶，并且正是因为这种过度，我们才在欢乐和满足上永远不知足，因此她才颁布了法律和秩序来限制我们。你或许会抱怨她这么做会毁了我们，而我则与你相反，我认为她在拯救我们。普罗塔库斯，你怎么看？

普：苏格拉底，你说的东西让我很舒服。

苏：你应该发觉我已经讲了前三类事物了。

普：是的，而且我相信我已经明白了。在我看来，第一类是无限的事物，第二类是有限的事物。但是，我仍然不太明白你所谓的第三类事物是什么。

苏：我的好朋友，你只是单纯地被第三类事物繁多的种类所迷惑。你看，尽管无限的种类也呈现为"多"，但是你却没有被这繁多的种类所迷惑，这是因为它们被"更多、更少"的特征所统一，从而显现为"一"。

普：确实如此。

苏：而有限的事物并没有很多的子类，并且我们已经承认它就其本质而言就是一个整体。

普：是的。

苏：好。当我讲到第三类事物时，你要把它理解为由前两种事物混合所产生的整体，把它理解为通过对无限的事物施加限制、尺度而形成的存在。

普：我懂了。

混合物的原因

苏：讲完了这三种事物，我们现在必须考察一下第四类事物，让我们共同来完成这个任务吧。你是否认为，所有的生成物之所以能够生成，必然有一个原因？

普：当然有。怎么可能会有没有原因的生成物？

苏：而事主和原因之间，除了名字不同之外，它们的本质之间并没有什么不同。因此我们有理由把事主和原因当作同一种东西，是不是？

普：是的。

苏：对于事主所作用的事物和生成物之间，情况是否也一样，即除了名字上的区别，它们之间并没有什么不同？

普：是这样。

苏：因此，事主和原因总在自然的秩序上先于被作用物和生成物，是不是？

普：是的。

苏：因此，原因是一个东西，而在生成过程中依赖原因的（生成物）则是另一个东西，这两个东西绝对不等同。

普：当然不同。

苏：现在，前三类事物已经向我们说明了生成物，以及生成该混合物的两种不同的成分。

普：是的。

苏：我们已经成功地证明了生成物的事主和原因不同于前三类事物，因此我们应称呼该原因为第四类事物？

普：就让我们这么称呼混合物的原因吧。

苏：很好。既然我们已经区分了这四类不同的事物，为了记住它们，现在我们应该把它们一一罗列出来。

普：当然。

苏：第一类是无限的事物，第二类是有限的事物，然后，第三类是由前两种混合而生成的混合物，最后，我把生成的混合物的原因叫作第四类事物，也就是混合物的原因。我没有弄错吧？

普：当然没错。

**无限
的事物**

苏：好的。我们下一步要讨论什么呢？我们为什么要讲上面这四类事物呢？我们正在考察第二名的位置应该给欢乐的生活还是智慧的生活，是不是？

普：是的。

苏：根据这四类事物的划分，我们现在或许更容易决定第一名和第二名的归属问题，而这正是我们最初的议题。

普：或许吧。

苏：那么我们继续。我们已经确定既包含欢乐又包含智慧的混合生活是第一名，是吧？

普：是的。

苏：我们应该考察一下这种混合生活的排名、它的本质，以及它属于哪一类事物，是不是？

普：我们应该这么做。

苏：毫无疑问，该混合生活应被归到第三类，也就是混合物，然而它并不是任意两种东西的混合，而是所有的无限物被有限所限制而形成的混合物。因此，至善的生活应当属于这种混合的事物。

普：很对。

苏：但是，斐莱布，你所说的那种只有欢乐的生活会怎样呢？它应当被归入哪一类事物呢？请在你给出答案之前，先回答我另一个问题。

斐：你问吧。

苏：欢乐和痛苦有极限吗，有终点吗？还是说它们是那种允许更多、更少的事物？

斐：苏格拉底，它们属于那种承认更多、更少的事物。因为要是欢乐在数量和强度上有极限，有终点，它就不可能是绝对的善了。

苏：斐莱布，而且那样的痛苦也不是绝对的恶了。因此，假如欢乐是至善的一部分，那么使得欢乐拥有某种程度至善的因素的，肯定不可能是无限。然而，如果你愿意的话，我们就暂时承认欢乐和痛苦都属于无限的事物。

智慧的生活

苏：但是，如果你允许的话，让我们详细地考察一下理性和知识的生活究竟应该属于哪一类。普罗塔库斯，我们所谓的宇宙是被非理性和无序所统治的，也就是说一切都是偶然？还是说，正如我们的先辈所教给我们的，它们是被极好的理性和智慧所统治和指导的？

普：苏格拉底，你怎么会认为这两种东西是可以比较呢？在我看来，你的前一种建议是大不敬。但是后一种建议，也就是理性安排了这一切，确实能充分展现出由太阳、月亮、星辰，以及整个天体运转轨道所呈现的宇宙秩序之美，而且我绝不会动摇我的这个看法，也不会改变这个信念。

苏：你是不是想让我们这么做？我们应当在这件事上听从先辈的教导，但是这种听从并非简单地重述而不去理会反对意见，而是要面对我们可能遇到的反驳。因此，当一些人否认这些教导，并认为统治宇宙的是无序时，我们要加入其中，化解这种危险。

普：我就是想这么做。

苏：现在让我们考虑一下该论证的下一步。我们或许已经发觉，火、水、气，以及在风暴中受虐的水手所高呼的"土"，构成了所有动物身体的本质，并且我们在宇宙的构成中也发现了这些元素。

普：是这么回事。而且我们现在确实受虐于当前的讨论话题，我们已经有点跟不上了。

苏：我现在要讲一条可以应用在这四种元素上的原则。

普：那是什么？

苏：我们可以在自己身上发现每一种元素，但是它们的数量不多，并且相较于这些元素自身，我们身上的元素不仅极不纯粹，也缺乏它们真正的力量。我们可以用一个例子说明所有类似的情况：我们身上有火，世界中也有火。

普：是的。

苏：但是，属于我们的火在数量上微小，在程度上微弱和贫瘠，然而世界之火却数量庞大，美得无与伦比，并且拥有火元素的所有力量，是不是？

普：你说得很对。

苏：那么这种世界之火是由属于我们的火所创造、滋养和控制的吗？还是说恰好相反，你身上的火，我身上的火，以及每种动物身上的火都依赖于世界之火？

普：显而易见，答案是后者。

苏：好的。要是我没弄错的话，如果我们拿动物身上的土元素与宇宙之土比较的时候，你也会给出相同的回答，并且同样的回答也适用于其他两种元素。是不是？

普：要是有人给出了不一样的回答，那他肯定是疯子吧？

苏：是的。现在让我们考察下一步。当我们把所有的这些元素都统一起来时，我们是不是称之为"身体"？

普：当然。

苏：现在，相同的结论也适用于我们所谓的宇宙。宇宙也类似地拥有"身体",而这"身体"也由这四种元素构成。

普:不可否认。

苏:那么,究竟是作为整体的宇宙身体为我们的身体提供营养,还是正好相反,宇宙身体从我们这里得到滋养,并获得之前我们提到的其他营养?

普:苏格拉底,这个问题的答案也是显而易见的。

苏:那么这个问题呢?对于我们的身体,我们会说它有一个灵魂吗?

普:显然会。

苏:但是,我们的灵魂来自哪里呢?只能来自于宇宙灵魂,那个与我们的身体拥有类似元素,但是又在各方面都更纯粹的宇宙身体的灵魂,正是这个宇宙灵魂滋养了我们的灵魂,是不是?

普:只能如此了。

苏:普罗塔库斯,我们肯定不能认为只存在我们的原因,但是却不存在宇宙的原因。具体而言,一方面,我们认为在这四类事物(有限、无限、混合物,以及遍及万物的混合物的原因)中,最后这个混合物的原因为我们的身体提供灵魂,提供健身的技艺,并在其生病时为它提供药物治疗,而且它大体上具有生成和治愈事物的能力,因此它被称为理性或知识；然而另一方面，我们又认为，尽管这四种元素也存在于整个宇宙和它的各个部分，并且它们都是恰当而纯粹的，但是这其中却没有宇宙的原因，没有那个在本质上最为纯粹和恰当的混合物的原因。

普：我们确实不能这么想。

苏：但是，如果我们不能这么想，我们最好接受我们之前说过多次的另一个观点：在我们的宇宙中，存在着众多的无限，也存在着足够多的有限，以及一个极其重要的混合物的原因，该原因安排和调节年份、季节、月份，并且它也完全值得被称作知识和理性。

普：是的，它确实配得上。

苏：但是，如果没有宇宙灵魂的话，就不会有知识和理性了。

普：肯定没有。

苏：所以你必定要同意在宙斯的本质中，存在着最好的灵魂，也存在着最好的知识和理性，因为宙斯是生成万物的原因，并且拥有生成万物的力量。而其余的诸神则根据它们的名字，具有其他的属性或力量。

普：很对。

苏：普罗塔库斯，不要觉得我们刚才讲的东西没有意义，相反，它与古代思想家的观点"理性永远是宇宙的统治者"是一致的。

普：确实一致。

苏：而且，宇宙灵魂也为我们的讨论提供了一个答案，因为知识和理性，也就是宇宙灵魂，应该属于我们称之为混合物的原因那一类事物。现在你应该理解我的回答了，智慧属于混合物的原因。

普：确实如此。

苏：亲爱的朋友，现在我们已经令人满意地解释了，智慧应该属于哪一类事物，以及智慧拥有怎样的功能。

普：是的。

苏：那么让我们记住这两个结论，也就是说，知识与混合物的原因比较接近，并且属于混合物的原因这一类；而欢乐自身则是无限的，并且属于那种在自身之中没有开始、中间或结束，而且由它所衍生的事物之中也没有开始、中间或结束的无限的事物。

普：我们自然应当谨记该结论。

第二章 至善生活的因素

在确定至善的生活是最好的生活后，苏格拉底开始对纯粹欢乐的生活和纯粹理性的生活进行排序。针对此问题，苏格拉底提出了一个将所有事物分为四个种类的标准，并且根据此标准，苏格拉底认为纯粹理性的生活是至善生活的原因，因此应该仅仅居于最好的生活之后，处于第二的位置。

苏格拉底将所有的事物分为四类：第一类是无限的事物，第二类是有限的事物，第三类是由前两种混合而生成的混合物，第四类事物则是生成的混合物的原因，也就是混合物的原因；并且混合物的原因总在自然的秩序上先于混合物。

具体而言，无限的事物指的是那种允许"更多更少"、"强烈微弱"和"过多过少"，以及这一类程度词的事物。有限的事物指那些承认"相等"和"相等性"的东西，以及承认"两倍"的东西，还有承认其它数目作为比例和尺度的东西。混合物指的是由前两种事物混合所产生的整体，也就是通过对无限的事物施加限制、尺度而形成的事物。混合物的原因是指生成混合物的事物。

根据分类标准，既包含欢乐，又包含智慧的至善生活应该属于混合物。但是它并不是任意两种东西的混合，而是所有的无限物被有限所限制而形成的混合物。因此，至善的生活应当属于混合物。

而对于只有欢乐的生活而言，由于它承认更多更少，且没有极限，所以属于无限的事物，也就是那种在自身之中没有开始、中间和结束，而且由它所产生的事物之中也没有开始、中间和结束的无限的事物。

对于只有理性和知识的生活而言，由于苏格拉底认为理性就是安排和调节年份、季节、月份的宇宙灵魂，正是它为宇宙提供秩序，所以只有理性和知识的生活应该属于混合物的原因。

因此，至善生活是最好的生活，而只有知识的生活则是至善生活的原因，应该居于第二位。由此，苏格拉底根据至善生活的标准，驳斥了斐莱布的观点"至善的生活就是只有欢乐的生活"，也支持了自己的立场"至善生活并不是只有欢乐的生活，并且知识和理性比欢乐更好、更优越"。

第三章　两种最基本的欢乐

**恢复到原始状态
所产生的欢乐？**

苏：正如我们先讨论无限的事物一样，让我们先从属于无限事物的欢乐开始，来讨论一下与欢乐相关的各种问题。但是，如果我们想成功地考察欢乐，我们肯定不能避开痛苦。

普：如果这是恰当的方法，就让我们这么做吧。

苏：你是否同意我们对欢乐的起源的看法？

普：什么看法？

苏：在我看来，欢乐和痛苦在本质上源自于同一类混合的事物。

普：你所谓的"同一类混合的事物"是什么？是你在无限和有限的事物之后所说的那一类事物，也就是包括了健康，以及和谐的混合物？

苏：是的。我认为如果生物体内的和谐被扰乱和破坏，那么与此同时，它们的本质也就消散了，从而产生了痛苦。

普：你说的很有可能。

苏：但是，如果该生物重获和谐，并且恢复它之前的本质，那么我们得说在它的体内产生了欢乐。

普：苏格拉底，我猜你是对的，但是我们必须试着进一步弄清楚你的答案。

苏：去理解最常见和最明显的例子，是不是最容易的？

普：哪些例子？

苏：我想的是饥饿的例子，饥饿是一种消散，因此是一种痛苦。

普：是的。

苏：但是，吃东西却是一种恢复，因此是一种欢乐。

普：是的。

苏：同样地，口渴也是一种破坏，因此是一种痛苦。而用水分去浇灌干燥的地方则会产生欢乐，是不是？除此之外，当我们接触火或热的时候，它会使得我们的原始状态分裂和消散，从而产生了痛苦；而当其冷却下来，我们则恢复了原始状态，从而产生了欢乐。

普：很对。

苏：动物体内的液体，由于寒冷而凝结，从而扰乱了原始状态，产生了痛苦；而相反的过程，也就是恢复那被寒冷所破坏的状态，从而回到原始状态，则产生了欢乐。简而言之，当一个活生生的有机生命体的原始状态被破坏，也就是我们之前说的由无限和有限所形成的混合物被破坏时，那么就产生了痛苦；相反，如果恢复到它的原始状态，那么就产生了欢乐。我这么说，你同意吗？

普：就当我同意吧，因为在我看来，这些说法大概是正确的。

苏：那么，我们可以把我在上面所描述情况当作第一种欢乐和痛苦，是不是？

普：我接受。

由灵魂的期待而产生的欢乐（痛苦）？

苏：现在请你设想一下，当灵魂预期这些情况时，灵魂自身会怎样？如果灵魂期待着某种将要发生的欢乐，那么它会感到欢乐和舒适；相反，如果灵魂期待着某种将要发生的痛苦，那么它会感到恐惧和悲伤。

普：这确实是另一种欢乐和痛苦：一方面，它并不位于身体之中，而仅属于灵魂自身；另一方面，它由期待而产生。

…………

苏：好。假设原始状态消散就产生痛苦，而它恢复则产生欢乐，现在让我们问这样一个问题：如果一个有机生命体的状态既不是原始状态的恢复，也不是原始状态的消散，那么它当时所处的状态必须是怎样的呢？请仔细思考我的问题，然后回答我：在这种情况下，它是否必然既感觉不到一丝的欢乐，也感觉不到一丝的痛苦？

普：毫无疑问。

…………

苏：设想有一些身体上的情感，在它们抵达灵魂之前，这些情感就在身体中消失殆尽了，因此灵魂并没有受到该情感的影响；但是还有一些其他的情感，它们穿透了身体和灵魂，从而振动了两者，尽管这种振动的来源是相同的，但是它们的幅度却并不相同。

普：好的，就让我们接受这种说法。

…………

苏：当一种情感出现时，它会影响灵魂和身体，从而振动两者，使它们发生运动；如果你称这种运动为"知觉"①，

---

① 这就表明同一种情感会对身体和灵魂产生同一种"知觉"，但是前者的知觉强度要大于后者的。

那么你的说法就很恰当了。

普：是的。

苏：你现在是否懂得我所谓的知觉？

普：肯定的。

苏：在我看来，记忆应当被定义为保存在灵魂中的知觉。

普：很对。

苏：我们是否认为记忆不同于回忆？

普：或许吧。

苏：这是否就是它们之间的区别？

普：什么？

苏：当灵魂不依赖身体，而仅凭自己就完全回忆起那些经验，那些灵魂和身体所共同拥有的经验，我们就称此为回忆，是不是？

普：是的。

苏：当灵魂失去了知觉的记忆，或者失去了它之前习得的关于某个东西的记忆，但是灵魂仅凭自己就重新获得了这些记忆，我们就称这一类情况为回忆。

普：你说得对。

苏：因此，我们已经尽可能完整而清晰地理解了灵魂中的欢乐，以及灵魂的欲望，因为借助于我们对记忆和回忆的定义，这两个概念显得极其清楚。

普：既然如此，就让我们讨论下一个问题吧。

苏：看起来，为了弄清欢乐的起源，以及它的各个种类，我们需要考察很多东西。但是，我觉得我们现在的首要任务是弄清欲望的本质和起源。

普：那么就让我们先确定这些事宜吧，反正我们也不会有什么损失。

苏：普罗塔库斯，我们肯定会损失很多东西，因为如果我们找到答案，我们就不再拥有对这些问题的无知了。

普：你说得很对。让我们开始吧。

苏：我们是否把饥饿、口渴，以及其他类似的东西都归入欲望？

普：肯定的。

苏：虽然这些东西彼此之间并不相同，我们却用同一个名字来称呼它们。这是为什么呢？它们所共有的特征是什么呢？……我们经常说一个人"是口渴的"，是不是？

普：是的。

苏：我们的意思是：这个人现在处于"缺乏"状态。

普：肯定的。

苏：口渴是否是一种欲望？

普：是的，对水的欲望。

苏：他欲望的对象是水呢，还是借助于水来达到充满的状态？

普：我觉得是后者。

苏：看起来，要是某人处于缺乏状态，那么他会产生欲望，想要与他当前状态完全相反的东西，也就是说，当他是缺乏时，他想要变得充满。

普：显然如此。

苏：但是，如果某人在第一次就处于缺乏状态，他怎么能够通过知觉或者记忆而知道、理解那种充满的状态呢？毕竟他过去没有、现在也没有经历过那种充满的状态。

普：他不可能知道。

苏：但是他确实有欲望，而且这种欲望是有对象的，是不是？

普：是的。

苏：他想要的对象并不是他当前经历的东西，因为他当前经历的是口渴，而口渴是一种缺乏，但他想要的对象则是充满。

普：是的。

苏：因此，那个口渴的人身上肯定有某种东西，这种东西使得他以某种方式理解、知道了充满的状态。

普：必然的。

苏：这个东西不可能是身体，因为身体当时处于缺乏而不是充满的状态。

普：是的。

苏：那么留给我们的唯一选项就是灵魂了，也就是说，灵魂通过记忆理解、知道了充满状态。还是说，你觉得还有其他的可能？

普：我想不出其他的可能。

苏：因此该论证表明欲望并不来自于身体。

普：为什么？

苏：因为该论证表明：每一个动物都致力于摆脱它当前的身体状态，并成为与之截然相反的状态。

普：是的。

苏：那么，这种冲动驱动着它摆脱当前的状态，向相反的状态运动，这种现象足以表明它拥有对相反状态的记忆。

普：确实如此。

苏：这个论证不仅表明，是记忆在引领欲望，告知我们欲望的对象，而且证明，所有的冲动、欲望和每种生物的统治原则都位于灵魂之中。

普：很对。

苏：所以，该论证就完全否认身体自己会饥饿、会渴，或者拥有其他类似的欲望。

普：很对。

既处于欢乐，
又处于痛苦之中是怎样的？

苏：让我们对这些情感作进一步的考察，因为在我看来，该论证的目的是：给我们揭示一种存在于这些情感中的生活状态。

普：你讲的这种生活是怎样的？它存在于哪些情感中？

苏：我说的情感是：由缺乏和充满的过程，以及在所有生物中都有的、与原始状态的破坏和恢复相关的所有的过程所形成的情感。当某人处于缺乏状态时，他感到痛苦；而当他处于充满状态时，他则感到欢乐。

普：确实如此。

苏：但是，要是有人处于这两种情感之间，又如何呢？

普：你说的"两种情感之间"是什么意思？

苏：当他现在正处于痛苦状态，同时他又记得那些欢乐，那些能终结这些痛苦的欢乐，但是这种欢乐现在还没有实现。

我们怎么看待这种状态？我们是否会认为他的情感状态居于痛苦和欢乐之间？

普：确实如此。

苏：他的状态是一种欢乐呢，还是一种痛苦呢？

普：在我看来，他正在遭受双重痛苦。由于他的实际经历，他遭受了身体上的痛苦；又由于期待未被满足，他还遭受了灵魂上的痛苦。

苏：普罗塔库斯，你为什么会说他有双重痛苦呢？对于一个现在处于缺乏状态的人，难道不会出现两种情况吗？即有时候他期待着充满状态，而有时候则完全绝望，没有任何希望。

普：当然。

苏：难道你不觉得，当他在期待这种充满状态时，他从他的记忆中得到了欢乐，然而同时，由于他实际上是缺乏的，他也感受到了痛苦？

普：我肯定会这么看。

苏：在这种情况下，人和其他动物就能既处于欢乐又处于痛苦之中了？

普：我同意。

苏：而当某人处于缺乏状态，并且他完全绝望，没有对充满状态的期待,他又会怎样呢?你刚才所提及的那种双重痛苦是否就是这种状态?

普:苏格拉底,很对。

第三章　两种最基本的欢乐

在苏格拉底用至善生活的论证驳斥斐莱布之后，苏格拉底再次回到了第一种论证思路：通过罗列欢乐的不同种类，来指出某些欢乐是坏的、恶的，所以欢乐并不必然是好的、善的。在本章中，苏格拉底讨论了两种最基本的欢乐／痛苦，即恢复型的欢乐／痛苦和期待型的欢乐／痛苦，以及这两种基本的欢乐／痛苦的混合物。

对于恢复型而言，当一个活生生的有机生命体的原始状态被破坏，也就是我们之前说的由无限和有限所形成的混合物被破坏时，那么就产生了痛苦；相反，如果恢复到它的原始状态，那么就产生了欢乐；而如果它处于原始状态，既没有被破坏，也不用恢复，那么它既不是欢乐，也不是痛苦。

对于期待型而言，如果灵魂期待着某种将要发生的欢乐，那么它会感到欢乐和舒适；相反，如果灵魂期待着某种将要发生的痛苦，那么它会感到恐惧和悲伤。这种期待型之所以不同于恢复型，是因为欢乐和痛苦并不来自于身体，而仅属于灵魂自身，并且该欢乐和痛苦是由期待而产生。

而对于恢复型和期待型的混合而言：当某人处于痛苦状态，同时又记得那些欢乐，那些能终结这些痛苦的欢乐，但是这种欢乐现在还没有实现的时候，他就既处于欢乐（期待型）又处于痛苦（恢复型）

之中；而当某人处于缺乏状态时，并且他完全绝望，没有对充满状态有任何期待的时候，他就处于双重痛苦的状态，因为他处在恢复型痛苦中，又处在期待型痛苦中。

第四章　错误的欢乐

**是否存在
错误的欢乐？**

苏：我们应该说所有的痛苦和欢乐都是正确或者错误的呢，还是应该说只有某些痛苦或者某些欢乐是正确的，而其余的则是错误的？

普：苏格拉底，怎么可能会有错误的欢乐，或者错误的痛苦呢？

苏：普罗塔库斯，又怎么会有正确或错误的恐惧、正确或错误的期盼、正确或错误的信念呢？

普：我承认信念有对错，但是我并不承认恐惧、期待有对错。

苏：什么？看来我们又提出了一个极其重要的问题，因为你刚才的说法让我极其惊异。

普：为什么你会感到惊异？

…………

苏：因为根据你的说法，对于所有的人而言，不管他是处于梦中还是处于清醒状态，不管他是精神错乱还是处于其他的错觉之中，只要他事实上没有感受到欢乐，那么他就不会认为他是欢乐的；相应地，只要他事实上没有遭受痛苦，那么他就不会认为他是痛苦的。

普：苏格拉底，我们一直都以为这就是你的想法。

苏：但是这个信念是否正确呢？我们是否应该考察一下呢？

普：我觉得我们应该考察一下。

苏：让我们再看看我们之前所考虑的欢乐和信念，并尝试进一步弄清它们。是否存在一种产生信念的官能？

普：有啊。

苏：是否存在感受欢乐的官能？

普：有啊。

苏：但是，信念总是关于某样事物的，是吧？

普：当然了。

苏：同样地，欢乐也是关于某样事物的，是吧？

普：确实是这么回事。

苏：不管形成的信念是正确的还是错误的，主体都不会失去这个使其形成信念的官能，是不是？

普：当然了。

苏：相应地，不管形成的欢乐是正当的还是不正当的，主体都不会失去这个使他感到欢乐的官能，是不是？

普：这也是正确的。

苏：那么我们当前的问题就是：为什么信念有真假，但是欢乐却只有真，没有假，尽管它们都是通过同样真实的官能才形成信念或者感到欢乐？

普：是的，这就是我们的问题。

苏：我们之所以要考察这个问题，是因为真和假被当作信念的一个属性，因而在每个例子中的信念便不仅仅是信念，还是拥有某种属性的信念，也就是正确的信念或错误的信念，是不是？

普：是的。

苏：另外，尽管某些事物允许额外的限定，例如对与错，但是欢乐和痛苦却仅限于它们自己，而不允许额外的限定。我们是否也同意这个观点？

普：当然了。

苏：但是，我们毫不费力就能发现欢乐和痛苦确实允许额外的限定，因为我们之前已经说过，欢乐和痛苦都可以是更大、更小，并且都有强度。

普：我们确实这么说了。

苏：普罗塔库斯，假如坏与恶是它们（更大、更小和强度）的一个属性，那么我们能否由此而说信念或者欢乐都是坏的、恶的？

普：苏格拉底，自然如此。

苏：假如正确（或者它的反面）成为它们的一个属性呢？如果信念中拥有正确性，我们是不是要说这个信念是正确的呢？同理，当欢乐中拥有正确性时，我们是不是也要说这个欢乐是正确的呢？

普：肯定的。

苏：如果信念的内容是错误的，那么，由于这个判断行为是错误的，我们是否必然同意"该信念是不正确的，或者说该判断行为是不正确的"？

普：肯定。

苏：那好。假如我们有某种欢乐或者痛苦，但是我们发觉，我们在何物造成该欢乐或痛苦上犯了错误，那么我们要怎么称呼这种欢乐或痛苦呢？我们是否应该在该欢乐或痛苦中加入诸如正确的、好的，以及优越的那一类的属性呢？

普：如果我们弄错了欢乐，那么该情况就不可能出现。

苏：看起来，欢乐显然会经常与错误的信念而不是正确的信念共同出现在我们心中?

普:是的。但是苏格拉底,在这些情况下,我们会称"信念"是错误的,但是却没有人会称"欢乐"是错误的。

苏:普罗塔库斯,你是不是太急着为欢乐辩护了?

普:没有啊,苏格拉底,我只是重复我所听到的东西。

不以事实为基础的欢乐是错误的

苏:我的好朋友,那些与正确的信念和知识相关的欢乐,和那些与错误和无知相关的欢乐之间,有没有什么不同?

普:它们之间必然有巨大的不同。

苏:信念有时是正确的,有时却是错误的,你同意吗?

普:同意。

苏:我们刚才说过,伴随着这些正确或错误的信念,会经常出现欢乐或痛苦。

普:是的。

苏:是什么使得我们产生了信念,或者使我们尝试着去形成信念?难道不是记忆和知觉吗?

普:当然是。

苏:我们是否同意下面的情况一定会发生?

普：哪种情况？

苏：要是某人没有看清楚远方的东西，那么你是否同意，一般而言，他希望确定他所看到的究竟是什么？

普：我同意。

苏：那么，接下来他是否会这么问自己——"好像有个东西在树下，还靠着岩石，那究竟是什么呀"？当他看到这样的东西呈现在他的视野中，他肯定会这么问自己，你同意吗？

普：肯定同意。

苏：接下来，他可能会这么回答自己——"噢，那是个人"。这个回答可能就是正确答案。

普：是这样。

苏：或者，他也有可能被误导，从而认为他所看到的东西是牧民所造的雕像，这时他便会称雕像为表象。

普：很可能。

苏：但是，如果他有个同伴，他很可能把刚才他的想法说出来，告诉他的同伴。这样，我们之前称之为"信念"的东西就成了一个"陈述"。

普：是的。

苏：但是，如果当他有这个信念的时候，他的周围没有其他人，那么他只能把这个信念或者想法放在自己心中，有时甚至要长久地独自保存该信念。

普：毫无疑问。

苏：我认为，在这些情况中，灵魂就像一本书。

普：怎么说？

苏：在我看来，记忆和知觉会统一起来，并且它们的统一体会形成诸多感觉。这种统一体和由此形成的诸多感觉就像在我们的灵魂上写字。如果它们写出来的是真理，那么正确的信念和陈述便会出现在我们的灵魂之中。但是如果它们写出来的东西是错误，那么灵魂中所产生的信念和陈述则与真理相反。

普：我同意，并且我也接受你这种比喻。

苏：你是否同意：在这些事情发生的同时，在我们的灵魂中还有另一个行家在工作？

普：什么样的行家？

苏：他是一个画家。当抄写员在灵魂上写完字之后，他把这些文字所表达的意思画成图像，提供给灵魂。

普：他什么时候画的？他画的具体过程又是怎样的呢？

苏：当一个人由他的视觉或其他知觉得到信念和陈述之后，他会在他的灵魂中形成与之相应的图像，并观看这些图像。

我们灵魂中经常发生这样的事情，是不是？

普：肯定的。

苏：借助正确信念而形成图像是正确的，而源自错误信念的图像则是错误的，不是吗？

普：肯定如此。

苏：要是我们说的这些都是正确的，那么让我们再考虑一下另一个问题。

普：什么问题？

苏：上述的这些经验是否只局限于过去和现在，而无法应用到未来？

普：它们应当同样地适用于所有时间段，也就是过去、现在和未来。

苏：现在，关于仅仅属于灵魂的欢乐和痛苦，我们之前是否说过它们有可能早于属于身体的欢乐和痛苦？因此，我们拥有预期性的欢乐和痛苦，而它们则与未来相关。

普：毫无疑问。

苏：那么，我们之前所说的出现在我们灵魂中的文字和图像，是否只能应用于过去和现在的事物，而无法应用于未来的事物？

普：它们明显地能以未来的事物为对象。

苏：当你说"明显地"的时候，你是不是想说所有的这些文字和图像都是关于未来要发生的事情，都是对未来的预期，并且在每个人的一生都充满了这种预期？

普：是这样的。

苏：再回答我另一个问题。

普：什么问题？

苏：要是某人是一个公正的、虔诚的好人、善人，那么他会被诸神所爱，是不是？

普：肯定的。

苏：但是，那些不公正而极其邪恶的坏人、恶人呢？他们是会被诸神所厌恶的，是不是？

普：当然了。

苏：但是，正如我们刚才所言，每个人的一生都充满了对未来的预期，不管他是被诸神所爱还是所厌恶的人，是不是？

普：肯定的。

苏：那么，我们每个人的灵魂中都有被我们称作"预期"而被写下的文字，是不是？

普：是的。

苏：并且，这种文字也会在我们的灵魂中形成图像。某些人经常想象他们自己拥有巨量的黄金，以及随之而来的众多的欢乐，他们甚至能看到他们处于极度满足、欢乐的图像。

普：肯定的。

苏：现在，我们能不能说呈现在公正、虔诚的人的灵魂中的文字和图像总体说来是正确的，因为他们被诸神所爱，而那些呈现在邪恶灵魂中的文字和图像大部分都是错误的？

普：肯定可以这么说。

苏：但是不管怎样，邪恶的人在他们的灵魂中也拥有欢乐的图像，并且这些欢乐不亚于公正、虔诚的灵魂中的欢乐，但是这些欢乐却是假的、错误的，对不对？

普：很对。

苏：所以，坏人、恶人大部分时候都在享受错误的欢乐，而好人、善人却几乎都在享受正确的欢乐？

普：是这样的。

苏：因此，人的灵魂中存在着错误的欢乐，这只是对正确的欢乐愚蠢的模仿；痛苦的情形也是一样。

普：确实存在这样的欢乐和痛苦。

苏：我们现在已经发现，尽管一个持有信念的人必须在事实上持有某种信念，但是该信念某些时候却并不以"事实"为基础，不管这是过去的事实、现在的事实，还是未来的事实。

普：是的。

苏：在我看来，这就是形成错误信念和持有错误信念的原因，是不是？

普：是的。

苏：很好，我们是否认为欢乐和痛苦，与"事实"之间也有类似的关系？

普：你是什么意思？

苏：只要某人感受到了欢乐，不管这种欢乐是如何得到的，是怎样的，他必然"真的"感受到了欢乐。但是这些欢乐有时候却并不以"事实"为基础，不管这是过去的事实还是现在的事实，或许这种欢乐常常以在未来永远不会出现的事实为基础。

普：是的，苏格拉底，这是毋庸置疑的。

苏：对于恐惧、愤怒，以及其他属于这一类的所有事物，是不是也有相同的说法？它们是否也常常是错误的？

普：当然。

与其他欢乐或痛苦相较而得到的欢乐与事实不符？

苏：那么，如果我们要确定一个信念是好还是坏，我们是不是必须先确定该信念是否正确？

普：是的，我们别无选择。

苏：那么如果我们要确定某个欢乐是坏的、恶的，我们是不是要先确定该欢乐是错误的？

普：不，苏格拉底！真相与你讲的正好相反，因为人们之所以会称欢乐或痛苦是坏的、恶的，并不大可能是因为它们是错误的，而是因为它们中包括了其他严重而多样的坏与恶。

苏：好的，这些由坏与恶而引起的坏的欢乐，我们过一会儿再来讨论，如果那时候我们仍然认为这么做是合适的。然而，我们现在必须讨论另一类错误的欢乐，它们数量巨大，频繁出现，而且要么现在正存在于我们身上，要么之后将会存在于我们身上。我们将会发现对此的讨论会对我们有所帮助，会帮我们回答最终的问题。

普：是的，当然了；前提是，如果真的存在错误的欢乐。

苏：普罗塔库斯，我相信肯定存在这样的欢乐。但是，这只是我的一个信念；只要我们还没有为其提供充足的理由，我们就不能让这个信念逃脱我们的考察。

普：很好。

苏：你是否记得我们在之前的讨论中曾说过，当我们身上出现欲望时,身体能与灵魂区分开来,因为身体拥有感觉,是不是?

普:我记得你这么说过。

苏:灵魂欲望着、想要与当前身体状态相反的状态,而身体之所以经历欢乐或者痛苦,完全是由于这种感觉。

普:是的。

苏:从我们现在讨论的几个观点里,能不能得到一个结论?

普:你告诉我吧。

苏:结论就是:在这些情况里,痛苦和欢乐是同时并列出现的;尽管这两种情感截然相反,我们却同时感受到了它们,正如刚才所澄清的,它们是同时并列存在的。

普:是的,这很清楚。

苏:欢乐和痛苦都承认更多、更少,并且它们都属于无限,也就是第一类事物。

普:我们确实这么说过。

苏:为了正确地对无限的事物形成判断,我们要采取怎样的方法呢?

普:你在说什么?

苏:对于无限的事物而言,我们对它们进行判断,形成信念的目的是什么？是为了在比较痛苦和欢乐，或者痛苦和痛苦，或者欢乐和欢乐中的任意一种情况时，弄清楚哪一个元素更大、更小或者更剧烈吗？

普：它们之间确有这种区别，而这正是我们进行判断的目的。

苏：好。让我们以视觉为例，当我们观看一个事物时，过近或者过远都会模糊对象的实际大小，从而使我们产生错误的信念。那么，在欢乐和痛苦的例子中，是否也会发生相同的事情呢？

普：会的，并且程度更甚。

苏：那么我们现在所得到的结论，与我们之前所讨论的正好相反。

普：你所谓的"之前所讨论的"指的是什么？

苏：我们之前讲的是：正是信念的错误性（或正确性），才使得痛苦和欢乐得以拥有错误（或正确）的属性。

普：是的。

苏：当我们从不同且变化的位置来审视欢乐和痛苦，然后将它们进行比较，要是我们将欢乐与某些痛苦的事物相比较，欢乐会显得更多，而且更加剧烈；如果将痛苦与某些欢乐的事物相比较，痛苦也显得更多，而且更加剧烈。

普：确实如此，并且原因正是你所说的。

苏：对于上述两种情况中的欢乐和痛苦，它们要么显得比事实更多，要么显得比事实更少。现在，如果你能把它们表象中不真实的部分找出来，也就是那些使得它们显得更多或更少的过量或不足的部分，那么你就不能说这个表象是正确的，同样地，你永远也不能承认与此表象相应的欢乐和痛苦是正确的或者真实的。

普：肯定不会。

没有痛苦便是欢乐与事实不符？

苏：接下来，如果我们继续考察的话，我们将发现存在于生命体内的另一种欢乐和痛苦，它们不仅看起来是错误的，而且就是错误的，并且相比于第二种错误的欢乐和痛苦，它错得更加离谱。

普：哪一种欢乐和痛苦？我们如何才能找到它们？

苏：要是我记得正确的话，我已说过很多次：当生命体的自然状态被合成和分离、充满与清空、成长与衰退的过程所损害时，就会产生痛苦、苦难、忧虑等诸如此类的感觉。

普：是的。

苏：而且我们也同意，当生命体恢复到它的原始状态，就会产生欢乐，是不是？

普：是的。

苏：但是，假设在某个时间段，身体没有经历上述的这些变化，既未经历损坏又未经历恢复，那么会怎样呢？

普：苏格拉底，什么时候身体会出现这种情况？

苏：普罗塔库斯，你这个问题并不相关。

普：为什么？

苏：因为我可以用另一种方式重复我的问题，但回避掉你的提问。

普：你怎么做？

苏：我会承认这样的时间段还没有出现，但是我将这样提问：倘若存在某个时间段，身体既未经历损坏又未经历恢复，那么会有什么必然的后果呢？

普：你的意思是，如果身体既没有向损坏的方向改变，也没有向恢复的方向改变，那么会发生什么事情，是不是？

苏：是的。

普：苏格拉底，这样的话，那么很显然，该身体将既没有欢乐，也没有痛苦。

苏：很好。但是我猜你的立场是，我们的身体必然经历某一种过程，不可能两种过程都不存在。就像某些哲学家所言，一切都在流动，都在不断地变化，不断地产生和消失。

普：他们确实这么说了，而且我觉得他们的理论很重要。

苏：当然了，因为说这些话的都是些重要人物，重要人物所说的话怎么可能不重要呢？但是我想回避这个给我们带来压力的论证。这就是我的逃生路线，我希望你能和我一起逃离。

普：你是怎么逃离的？

苏：让我们这么回复他们，"就当你们的理论是对的"。但是，普罗塔库斯，我还要问你一个问题：我们以及所有的生命体，是否总能意识到发生在我们身上的事情，例如成长以及其他类似的事情？还是说，真相恰好相反，我们总是完全意识不到这一类的事情？

普：当然是正好相反的那种情况。我们几乎察觉不到任何这一类的事情。

苏：如果这样的话，那我们刚才所同意的说法，即"不断地产生和消失"的变化引起欢乐和痛苦，这个说法就是有问题的。

普：是的。

苏：但是，要是我们稍微改变一下说法，它就会更好，并且变得无懈可击。

普：怎么改？

苏：巨大的改变会在我们之中引起欢乐和痛苦，但是温和且微弱的改变则既不会引起欢乐，也不会引起痛苦。

普：苏格拉底，这比之前的说法要正确多了。

苏：假如这是真的，那么我们将会遇见之前所讲的那种生活方式。

普：哪一种？

苏：那种没有痛苦，也没有欢乐的生活方式。

普：是的。

苏：因此，让我们假设存在三种生活方式：充满欢乐的生活、充满痛苦的生活，以及既无欢乐也无痛苦的生活。还是说，你不同意？

普：我同意你的假设，确实存在这三种生活方式。

苏：因此，无痛苦的生活便不等同于充满欢乐的生活？

普：肯定不等同。

苏：如果你听到有人说"对所有人而言，最欢乐的事情就是没有痛苦地度过一生"，你觉得他在说什么？

普：在我看来，他好像在说：没有痛苦就是欢乐。

苏：现在，让我们设想我们有三种东西。我们不用管它们究竟是什么,但是让我们用精确的名字来称呼它们,我们把一个叫作金,一个叫作银,最后一个既不是金,也不是银。

普:很好。

苏:现在,我们能把第三种东西等同于金?或者把它等同于银?

普:不可能。

苏:那么类似地,对于那些能够正确推理的人而言,他绝不会认为,这居中的生活、这第三种生活等同于欢乐的生活,或者痛苦的生活。他既不会拥有这样的信念,也不会这样讲演?

普:肯定不会。

苏:但是,我们确实发现有些人不仅这么想了,还这么说了。

普:当然了。

苏:那么他们是否认为,每当他们未遭受痛苦的时候,他们就感到了欢乐?

普:他们就是这么说的。

苏:因此,他们肯定认为此时他们感受到了欢乐,否则他们就不会这么说了。

普:很可能。

苏：如果摆脱痛苦和享受欢乐之间有本质上的区别，那么他们关于欢乐的信念就是错误的。

普：而且我们确实能发现这种区别。

第四章　错误的欢乐

在区分完上述的欢乐种类之后，苏格拉底开始转向最核心的问题：即在上述的三类欢乐中，是否存在错误的欢乐。因为如果存在错误的欢乐，那么欢乐就并不必然是好的、善的，由此欢乐的生活就并不必然是好的、善的。苏格拉底给出了三种可能产生错误的欢乐的情况：由错误的信念而产生的欢乐，由于参考对象而模糊欢乐实际程度的欢乐，以及"既无欢乐也无痛苦"的欢乐。

首先，苏格拉底用信念的正确或错误来说明欢乐的正确或错误，从而表明存在着错误的欢乐。信念是有正确和错误的，如果信念与事实相符，那么就是正确的，否则就是错误的。由于伴随着这些正确或错误的信念，人们会经常出现相应的欢乐或痛苦，所以，伴随正确信念而形成的欢乐是正确的，而伴随错误信念形成的欢乐就是错误的。

然后，苏格拉底便开始讨论第二种错误的欢乐：即痛苦和欢乐同时并排出现的情况。在这种情况里，由于欢乐和痛苦会同时出现，如果我们将欢乐与某些痛苦的事物相比较，欢乐会显得更多，而且更加剧烈；但是如果将痛苦与某些欢乐的事物相比较，痛苦也显得更多，而且更加剧烈。所以，在这种情况下的欢乐和痛苦，它们要么显得比事实更多，要么显得比事实更少，从而并不是正确的。因此由于参考对象而模糊欢乐实际程度的欢乐并不正确，也就是错误的。

最后，苏格拉底认为，如果某人接受了"没有痛苦便是欢乐"，那么他也就承认了另一种"错误"的欢乐。由于存在着三种生活方式：充满欢乐的生活、充满痛苦的生活，以及既无欢乐也无痛苦的生活，如果没有痛苦便是欢乐的话，那么欢乐就包括了充满欢乐的生活，和既无欢乐也无痛苦的生活。但是由于既无欢乐也无痛苦的生活中并没有欢乐，所以它就是"错误"的欢乐。

第五章　最强烈的欢乐

**从最强烈的欢乐中
才能得到欢乐的本质**

苏：那么我们要选择哪一种看法呢？究竟是我们刚才所说的——在自我中存在着三种不同的内在状态，还是说只有两种状态——一种是对人类有害的痛苦的状态，另一种则是痛苦的缺乏，它因其自身是好的，而被我们称为欢乐？

普：但是，苏格拉底，为什么我们现在要问这个问题呢？我不太理解。

苏：普罗塔库斯，你之所以不理解，是因为你还不理解我们的朋友斐莱布所面对的敌人。

普：你说的敌人是谁啊？

苏：那些被公认为在自然哲学方面享有盛名，但是同时否认欢乐存在的那些人。

普：这可能吗？

苏：他们说，斐莱布和他的学派所谓的欢乐就只是痛苦的缺乏。

普：苏格拉底，那么你是想让我们相信这种观点，还是不想让我们相信？

…………

苏：不要相信。

…………

苏：现在，我们必须把这些自然哲学方面有名气的人当作我们的盟友，并沿着他们所讨厌的道路前进。我想他们大概会用下面这种方式来发展他们的基本立场：为了知道某个性质的本质，例如硬度的本质，如果我们去查看最坚硬的东西，而不是那些最不坚硬的东西，那么我们便更可能找到答案，是不是？普罗塔库斯，你必须回答他们的问题，就像你一直以来都在回答我的问题一样。

普：当然，我的回答是我们必须查看那些最坚硬的事物。

苏：因此，假如我们想找到欢乐的本质是什么，我们应当关注的事物并不是最无足轻重的欢乐，而是那些被认为最重要和最强烈的欢乐。

普：每个人都会同意你所说的这一点。

最强烈的欢乐是灵魂或
身体的邪恶状态下的欢乐

苏：我们已经说了很多次了，最明显和最强烈的欢乐是那些属于身体的欢乐，是不是？

普：肯定是的。

苏：那么，这同一种欢乐在下列哪种状态下会更强烈、更猛烈呢？是生病状态，还是健康状态？这里我们一定要谨慎回答，否则我们将会犯错。或许我们会说"在健康状态下，这种欢乐会更加强烈"，对不对？

普：或许吧。

苏：但是，最大的欢乐不应该是满足人们最强烈的欲望才产生的吗？

普：肯定是。

苏：但是，当人们发烧或者遭受其他疾病时，他们所感受到的寒冷、口渴或者身体上的其他情感，是否会比他们平时所感受的更加强烈？他们的欲望是否更强烈，因此当他们的欲望被满足时，他们所感受到的欢乐就更强烈？还是说，我们要否认这个事实？

普：正如你所描述的，这看起来肯定像是事实。

苏：因此，如果我们想发现最强烈的欢乐，那么我们应关注的肯定不是在健康状态下，而是在生病状态下的欢乐。这种说法显然应该是正确的，对不对？请注意，我的问题并不是生病的人是否比健康的人拥有更多种类的欢乐，而是在同样的情况下，前者所拥有的欢乐在大小和强度上是否高于后者，以及我们在哪里才能找到最强烈的欢乐。

正如我们之前所说的，我们既要确定我们所谓的欢乐是什么，还要确定那些认为欢乐并不存在的自然哲学家所谓的欢乐是什么。

普：我觉得我相当明白你的意思。

苏：普罗塔库斯，我马上就要验证你是否真的明白了，因为我想让你回答这个问题。相较于一种温和的生活，这种病态的生活是否拥有更大、更多的欢乐？我说的"更大、更多"并不是指种类上更多，而是指它们在力量和强度上更大、更多。你要想清楚之后再回答。

普：我理解你的问题，而且我确实看到这两种生活之间有巨大的不同。自律的人由于敬重格言"切勿过度"，因此他们的生活经常受到限制；然而傻瓜或者挥霍的人则总在追求过度、过量的欢乐，这使得他们变得近乎疯狂，且发狂地尖叫。

苏：很好。如果这是事实的话，那么最大的欢乐与最大的痛苦就显然来自于灵魂和身体的某些邪恶的状态，而不是那种有德行的状态。

普：确实很明显。

苏：所以，我们必须找几个拥有最大的欢乐的例子，并考察为什么我们称这些例子中的主角所拥有的欢乐是最大且最强烈的。

普：必然如此。

身体处于邪恶状态，并感受到属于身体的欢乐？

苏：现在，让我们看一下那些与疾病混合在一起的欢乐。

普：哪种类型？

苏：最无礼最没有德行的那种，也就是与那些自然哲学家最厌恶的疾病混合在一起的欢乐。

普：那些欢乐是什么呢？

苏：例如，通过挠而让人从痒或者其他类似的情况中解脱出来。假如我们处于这种状态中，我们应该如何描述这种感觉？是欢乐还是痛苦？

普：苏格拉底，我觉得这种感觉是混合的。

苏：普罗塔库斯，我提出这个问题并不是为了攻击斐莱布，而是因为，要是我们不考察这些欢乐以及与之相结合的欢乐，那么我们可能永远也无法解决当前的问题。

普：那么，就让我们攻击这种类型的欢乐。

苏：你说的是那种被称作混合物的欢乐吗？那种欢乐和痛苦混合在一起的欢乐吗？

普：是的。

苏：有一些混合物与身体相关，并且只存在于身体中；也有一些混合物只属于灵魂，并且存在于灵魂中。

但是，我们也发现某些欢乐和痛苦的混合物，它们中既有属于灵魂的部分，也有属于身体的部分，但是这种混合物的整体有时被称作欢乐，而其他时候又被称作痛苦。

普：怎么做到的？

苏：当某人回到或者扰乱原始状态时，他会同时拥有两种相反的感觉。例如当某人由于寒冷而颤抖，但同时颤抖也使他感到暖和起来了；或者当他由于热而出汗，但同时又觉得自己凉爽起来了。

我觉得，在这两个例子中，他都只想保留混合物的一种感觉，并摆脱另一种感觉；但是，当他很难摆脱这混合物中的某一部分，即处于古语所说的"甜苦不分家"的情况时，这种混合的情感便会使他先产生不适感，然后升级为强烈的兴奋感。

普：你的描述很正确。

苏：在这些混合物里，有的欢乐和痛苦是等量的，而有的两者则并不等量，也就是某一种会支配另一种，是不是？

普：是的。

苏：关于痛苦超过欢乐的情况，以我们刚才所提及的痒和挠的例子来说：当疼痛和感染不在皮肤表层时，也就是说，你无法通过揉搓或者挠抓来触及这些疼痛时，那么此时通过挠而得到的解脱仅处于表层。假如人们实在难以忍受这些疼痛，而把疼痛的部位放在火上烤，或者放到冰中冻，那么你可能会得到最剧烈的欢乐。

但是有时候，尽管有些操作会在表层带来欢乐，但在底层却会带来最剧烈的痛苦，或者在表层带来痛苦，而在底层带来欢乐，从而产生一种混合的欢乐和痛苦，其整体的感觉则是混合物中占主导的感觉；正是因为这种操作破坏、分割了混合物的整体，或者因为它强行统一了分散且不在一起的诸多部分，这才使得产生欢乐的同时也产生了痛苦。

普：是这样的。

苏：当欢乐在这种混合物中处于主导地位时，如果给他加入少许的痛苦，也只会产生轻微的痒和微弱的疼痛；但是，要是此时你再加入过量的欢乐，这就会使他激动起来，又跳又笑：这会不停地改变他的肤色、他的态度，以及他每次呼吸的幅度和力度，最终使得这个人完全失去理智，以至于他会像个疯子一样大喊大叫。

普：确是那么回事。

苏：而这种失去理智的状态，会让他自己（甲）和其他人都认为"甲高兴得快要死了"，而且这个人越是挥霍无度，越是头脑简单，他就越是会竭尽全力地来追逐这种欢乐，他会称这种欢乐是最极致的享乐，并将能在生活中一直如此享乐的人当作是最幸福的人。

普：苏格拉底，你的描述十分符合普通人的想法。

身体邪恶与灵魂欢乐，
或者灵魂邪恶与身体欢乐？

苏：普罗塔库斯，在我们讨论的仅属于身体的混合的欢乐上，也就是在由身体的表层部分和底层部分构成的混合情感上，这是对的。但是，现在我们考察一下：混合物的两个成分一个来自身体，另一个来自灵魂，例如灵魂上的痛苦超出了身体上的欢乐，或者灵魂上的欢乐超出了身体上的痛苦，但是它们最终混合起来，形成一种混合物的情况。我们之前已经讨论过这种情况，并且我们也同意了：正是缺乏的状态使得人想要充满的状态，尽管这种对充满状态的期待是欢乐的，但他身体上的缺乏则是痛苦的。

当我们讨论这些事情的时候，有件事我们并没有说明，但现在可以说一下，也就是：对于灵魂和身体中的情感处于相反状态的无穷多的例子而言，它们之中都存在由欢乐和痛苦所形成的单一混合物。

普：我觉得你是正确的。

灵魂处于邪恶状态，并感受到属于灵魂的欢乐？

苏：其实，还有另一种痛苦和欢乐的混合物。

普：你说的是什么？

苏：正如我们之前所说的，那种仅由灵魂内部的情感所产生的混合物。

普：那么，我们针对它究竟说了什么呢？

苏：像愤怒、恐惧、孤独、自哀自怜、性欲、嫉妒、恶意，以及其他类似的东西，我们是不是认为它们是属于灵魂的痛苦，而且是仅属于灵魂的痛苦？

普：是的。

苏：但是，我们是否发现，这些东西中也充满最令人惊叹的欢乐？需要我提醒一下你吗？你难道没听过那句关于愤怒的名言"愤怒是如此之坏，能使智者变得暴力；但愤怒又如此之好，能比新鲜蜂蜜还要甘甜可口"吗？我们不仅在愤怒中可以发现痛苦和欢乐混合在一起，在自艾自怜和孤独中，它们也混合在一起，是不是？

普：我并不需要其他的提醒了，事实正如你所言。

苏：你肯定记得，当人们观看悲剧时，他们是如何一边流泪，一边大笑的。

普：我记得。

苏：你是否发觉，即便是在喜剧中，我们也有一种混合了欢乐和痛苦的情感？

普：我不是很理解。

苏：普罗塔库斯，我承认要在喜剧中发现这种混合的情感并不容易。

普：至少在我看来并不容易。

苏：观点越是模糊，我们就越是急切地想理解它。因为一旦我们弄清楚在喜剧中的混合物是怎样的，那么，当我们面对其他例子时，我们会更容易地察觉到这种混合物。

普：请继续吧。

苏：我们刚才提到了"恶意"。你是否认为恶意是属于灵魂的一种痛苦，还是说你有其他的看法？

普：我觉得恶意是一种属于灵魂的痛苦。

苏：但是，一个具有恶意的人会由于他邻居的不幸而感到欢乐。

普：肯定的。

苏：我们把无知和愚蠢叫作"坏事"、叫作"恶"，对不对？

普：是的。

苏：接下来，让我们考察一下滑稽可笑的本质？

普：你告诉我吧。

苏：滑稽可笑在它的主要方面上是属于灵魂的一种恶，并且还以此而命名了灵魂中的某种倾向或状态。这种灵魂中的状态就包括了无知，也就是与德尔菲神庙中的箴言所告诫的截然相反的状态。

普：苏格拉底，你说的是"认识你自己"？

苏：是的。如果我们也用箴言的方式来说这种截然相反的状态，那就是"对自己一无所知"。

普：确实如此。

苏：普罗塔库斯，让我们尝试着将无知这个规定分为三个小部分。

普：请你代替我把它分为三个部分。

苏：假如某人对自己一无所知，那么这必定会通过以下三种方式呈现出来。

普：哪些方式？

苏：第一种是对自己金钱方面的无知，他以为自己很富有，但实际上并非如此。

普：我承认，很多人都被这种方式的无知所影响。

苏：但是，更多的人把自己设想为比实际情况更高、更帅，并认为他们拥有更优秀的身体条件，尽管实际上并非如此。

普：确实如此。

苏：但是最多的人则会以第三种方式呈现出无知，也就是对灵魂的特征的无知，他们会认为自己在德行上更好、更善，尽管事实上并非如此。

普：很是如此。

苏：在所有的这些德行中，最能体现该情况就是在知识和智慧上的无知，是不是？人们经常声称自己是有知识的，与他人争辩自己如何是学富五车的，并用谎言来掩饰自己是如何地有知识和智慧，是不是？

普：确实。

苏：因此我们有资格把这些无知称为"坏"与"恶"的状态？

普：是的。

苏：我觉得，那种极其愚蠢、对自身无知的人可以分为两类，正如所有人都可以分为这两类一样：一部分人既有力量又有能力，而剩余的人则并不同时具有这些东西。

普：肯定的。

苏：让我们依此来进行细分吧。当某些无知的人被嘲笑时，如果这些人不仅体格弱小，而且又没有能力报复对方，那么你有资格称他们是"滑稽可笑的"；但是，如果这些人既有力量，又能报复对方，我们就该称他们为"危险和可恶的"。如果一个强壮且有权力的人是无知的，那么他就是可憎的、丑陋的、恐怖的，因为这种无知自身以及其他类似的表现会危害到他人；然而，弱小者的无知则被自然地视作"滑稽可笑的"。

普：你这个细分很正确。但是，你所谓的"欢乐"和"痛苦"的混合物在哪里呢？

苏：让我们首先考虑一下恶意的本性。它是否包括了一种不正当的痛苦和欢乐？

普：必然的。

苏：现在，如果你对发生在我们敌人身上的不幸而感到高兴，那么你的欢乐中是否有不正当或者恶意的要素？

普：肯定没有。

苏：但是，当你看到你的朋友遭遇了不幸，你却没有感到伤心，反而很欢乐，那么这种欢乐是不正当的吗？

普：毋庸置疑。

苏：我们刚才已经同意无知总是坏与恶，是不是？

普：是的。

苏：现在让我们假设我们的朋友是无知的，也就是以我们所提到的某种方式来呈现自己的无知，不管是对自己智慧的无知、对自己外表的无知，还是对自己财富的无知。不管这个朋友在哪个方面是无知的，如果他是弱小的，那么他就是滑稽可笑的，如果他是强大的，那么他就是可恶的。现在，正如我刚才所说的，我们是否可以说，如果我们朋友的无知对他人是无害的，那么在旁人看来，他就只是"滑稽可笑"的。

普：确实。

苏：但是，我们刚才已经同意无知自身是一种不幸，是不是？

普：是的。

苏：那么，当我们嘲笑这位朋友的无知时，我们是欢乐呢，还是痛苦呢？

普：显然，我们是欢乐的。

苏：我们之前说过，如果对朋友的不幸而感到欢乐，那么这种欢乐是由恶意产生的，对不对？

普：必然的。

苏：我们之前的论证表明，当我们嘲笑自己朋友身上的"滑稽可笑"的特征时，我们在欢乐中混合了痛苦，因为我们在其中混合了恶意。我们之前已经同意恶意是属于灵魂的一种痛苦，也已同意笑（笑声）是一种欢乐，但是在这个场合里，我们既在笑，但又有恶意。

普：对。

苏：因此，我们的论证表明：不仅在舞台上的悲剧和喜剧中存在着痛苦和欢乐的混合物，而且在日常生活中的悲剧和喜剧中，也都存在着痛苦和欢乐的混合物，此外，数不清的其他场合里，也都存在着痛苦和欢乐的混合物。

普：苏格拉底，我不觉得有谁能否认你这个观点，即便是雄心勃勃地想给出相反观点的人也无法否认。

苏：现在，我们已经能够确定拥有欢乐和痛苦的混合物的例子有：愤怒、孤独、自哀自怜、恐惧、性欲、嫉妒、恶意以及其他类似的情感，对不对？

普：对的。

…………

苏：现在，你觉得我向你指出喜剧中的这个混合物的目的是什么呢？难道你没有发现我的目的是为了更容易地说服你，在恐惧、性欲和其他例子中也存在这样的混合物吗？我希望一旦你接受了我之前的讨论，你就可以免除我的义务，使我不用再细致地讨论这些其他的情况；就可以接受这个事实，那就是我们可以在仅由身体或仅由灵魂所形成的情感中，以及两者所共同形成的情感中，都可以找到欢乐和痛苦的混合物。

第五章　最强烈的欢乐

在探究完错误的欢乐后,苏格拉底便开始探讨什么是正确的欢乐,或者说什么是欢乐的本质。为了探究欢乐的本质,双方都同意他们应当关注的事物并不是最无足轻重的欢乐,而是那些被认为最重要和最强烈的欢乐。在本章中,斐莱布建议"最强烈的欢乐就是混合的欢乐"。苏格拉底区分了三类混合的欢乐:欢乐和痛苦都来自身体,欢乐和痛苦都来自灵魂,以及欢乐和痛苦一个来自身体,一个来自灵魂。根据这种区分,苏格拉底认为,在混合的欢乐中并不存在正确的欢乐,所以我们无法在混合的欢乐中找到欢乐的本质,而且最强烈的欢乐也不是混合的欢乐。

正如为了知道硬度的本质,我们需要去查看最坚硬的东西,而不是那些最不坚硬的东西,为了知道欢乐的本质,我们也需要关注最强烈的欢乐。首先,根据斐莱布的说法,最强烈的欢乐是属于身体的欢乐,而不是属于灵魂的欢乐。其次,在所有属于身体的欢乐中,最强烈的是欢乐是在生病状态下所体验到的欢乐,也就是来自于灵魂或身体的某些邪恶的状态,而不是那种有德行的状态。因为自律的人由于敬重格言"切勿过度",因此他们的生活经常受到限制;然而傻瓜或者挥霍的人则总在追求过度、过量的欢乐,这使得他们变得近乎疯狂,且发狂地尖叫。因此,最强烈的欢乐必定是欢乐和痛苦的混合物,例如古语所说"甜苦不分家"的情况,尽管这种混合的情感会使他先产生不适感，但是之后却会升级为强烈的兴奋感。

当这种混合的情感中的欢乐和痛苦都来自于身体时，有时候欢乐和痛苦是等量的，而另一些时候两者则并不等量，例如痒和挠的例子。但是，不管怎么说，如果这个人越是挥霍无度，越是头脑简单，他就越是会竭尽全力地来追逐这种欢乐，他会称这种欢乐是最极致的享乐，并将能在生活中一直如此享乐的人当作是最幸福的人类。

接下来苏格拉底便开始讨论混合物的另一种情况，即混合物的两个成分一个来自身体，另一个来自灵魂，例如灵魂上的痛苦超出了身体上的欢乐，或者灵魂上的欢乐超出了身体上的痛苦，但是它们最终混合起来，形成一种混合物的情况。正是缺乏状态使人想要充满的状态，尽管这种对充满状态的期待是欢乐的，他在身体上的缺乏则是痛苦的。

最后苏格拉底便转向混合情感中的欢乐和痛苦都来自于灵魂的情况。例如我们嘲笑自己朋友身上的滑稽可笑的特征的情况：一方面我在其中混合了恶意，而恶意是属于灵魂的一种痛苦，另一方面，笑是一种欢乐。所以在这个场合里，我们既在笑，但又有恶意，因此这就是灵魂上的痛苦和欢乐的混合物。

总而言之，我们可以在仅由身体、或仅由灵魂所形成的情感中，以及两者所共同形成的情感中，都能找到欢乐和痛苦的混合物。由于这些混合物中总有痛苦，所以它们必定不是最强烈的；又由于混合情感来自于灵魂或身体的某些邪恶的状态，所以它们必然不是好的、善的。

第六章　正确的欢乐

**纯粹的
欢乐**

普：苏格拉底，你说得很对。你就以你喜欢的方式来讨论剩余的部分吧。

苏：很自然地，在讨论完混合的欢乐之后，我们就自然地要开始讨论非混合的欢乐，也就是纯粹的欢乐，实际上我们也必须这么做。

普：你说得对。

苏：我将尝试着依次解释纯粹的欢乐和痛苦。尽管我实际上并不同意"摆脱痛苦就是欢乐"的观点，但正如我之前所言，我还是把他当作证人，来证明确实存在着某些仅仅看起来是欢乐，但实际上却一点也不是欢乐的东西，并且来证明某些欢乐虽然看起来十分强烈，数量庞大，但是这些欢乐要么总是和痛苦混合在一起，要么只是暂时缓解了灵魂或肉体所遭受的极深的痛苦。

普：苏格拉底，但是哪些欢乐才有资格被当作正确的欢乐呢？

苏：从美丽的颜色、均匀的形状、宜人的气味或和谐的调子中所得到的欢乐就是正确的欢乐。对这些事物的欲望不仅难以察觉，而且没有痛苦；而当该欲望被满足时，它则可以被感官所捕捉到，这就是不与痛苦混杂的欢乐。

普：苏格拉底，我必须要问一下，你说的这些是什么意思？

苏：乍看起来，我所说的这些内容一点也不清楚，但是我肯定会试着澄清它们。对于形状的美，我想说的并不是大部分人所讲的动物的美或图画的美；我想说的美，或者该论证所要求的美是一些笔直的线条、圆和平面，以及人们使用车床或者木匠的直尺和方形工具，根据直线和圆形而造出来的物品。我不知道你是否理解。我认为大部分事物所具有的美是相对意义上的美，而这些东西的美却与之不同；相反，它们在本质上永远都为美，而且这种美给我们所带来的欢乐是独特的，该欢乐与挠痒所带来的欢乐绝不相同！

另外，也存在着拥有这种特征的颜色。你现在懂了吗？还是说仍然没有懂？

普：苏格拉底，我真的在试着理解你，但你能试着说得更清楚点吗？

苏：好的。以声音为例，当声音是规则而清晰的，并且只传递一个单纯的音调，那么我会说这些声音是美的；这种美并不依赖于其他的事物，而就在它自身之中，而且仅仅依赖它自身。并且，该声音不仅会带来美，还会一同带来它们自身的欢乐，而这种欢乐依其本性就属于它自身。

普：这很对。

苏：那么，由气味而形成的纯粹的欢乐并不是那么神圣。但尽管如此，这种欢乐也并不必然与痛苦混合在一起，不管你如何感觉到这种欢乐，也不管你在哪里感觉到它，我都将这种欢乐当作类似于上述纯粹欢乐的东西。因此，我所谓的声音的欢乐有两个类别，你明白了吗？

普：我明白。

苏：那么让我们再加上一种"学习的欢乐"，如果我们确实同意"想学习知识"并不包括缺乏，也就是说，当我们想学习知识的时候，我们并不会感到痛苦。

普：我同意。

苏：但是，要是一个学富五车的人，由于失忆而失去了他的知识，那么你从他的损失中是否能感到痛苦？

普：这并不能被看作是依其本性而内在于他的痛苦。但当他需要这些知识的时候，他会反思到他所失去的知识，从而体会到痛苦。

苏：我亲爱的朋友，你说得很对。但是我们现在讨论的仅仅只是依其本性的内在情感自身，并不包括对这些过程的反思。

普：在这种情况下，你的说法"对知识的遗忘并不会给我们造成痛苦"是正确的。

苏：那么我们可以说学习的欢乐并未与痛苦混合，并且这种欢乐只属于很少的一部分人，而不属于大部分人。

普：很对。

拥有尺度的欢乐

苏：既然我们已经恰当地区分了纯粹的欢乐和那些我们可以称之为不纯粹的欢乐，现在我们可以对这两者再加一个额外的规定：强烈的欢乐缺乏尺度，而纯粹的欢乐则拥有尺度。

因此，那些巨大的、强烈的欢乐，不管那种过量的情况是否经常发生，我们都有资格把它们归入无限的事物，它们允许更多、更少，并以此遍布于身体和灵魂之中；然后，我们把纯粹的欢乐归入有限的事物。

普：苏格拉底，很对。

苏：关于它们，还有一个问题需要我们进行考察。

普：什么问题？

苏：哪一类事物最接近真？是纯粹的、不含杂质的、充足的事物，还是极端的、各式各样的、数量巨大的事物？

普：苏格拉底，你为什么这么问？

苏：普罗塔库斯，我的目的是尽我所能来确定，哪些欢乐是纯粹的，以及哪些欢乐是不纯粹的；确定哪些知识是纯粹的，哪些知识是不纯粹的。如果在确定这件事的过程中，我们能够找到纯粹的欢乐和纯粹的知识，那么这会使你、我以及我们在座的各位更容易地实现这个目的。

普：你说得很对。

苏：好的。为了考察我们称之为纯粹的事物，我建议一个大体的思路：我们要从一个纯粹的例子开始考察。

普：你要挑哪一种事物呢？

苏：要是你不反对的话，让我们先以"白性[①]"为例吧。

普：我不反对。

[①] "白性"指的是使所有白的事物成为白色的原因。因此，"白性"会比任何一种白色都更加"白"；而且，根据柏拉图的理论，这种"白性"是抽象的"白的理念"。

苏：我们怎样才能得到一个纯粹的白呢？纯粹的白是什么？是那些最强烈的白，数量最多的白吗？还是说是那种最少与他物相混合的白，在它的构成中没有丝毫的其他成分的白？

普：很显然，纯粹的白应该是不与他物混合的白。

苏：好。因此，我们是否可以说，纯粹的白应该是所有白的事物中最真实的，也是最美丽的白，而不是最强烈，数目最多的白。

普：是的。

苏：因此，如果我们说那一小部分纯粹的白比大量混合的白更白，而且更美、更真，那么这个说法肯定是正确的。

普：确实是正确的。

苏：好。关于欢乐的讨论，我们也就没有必要考察更多的例子了，因为这一个例子已足以表明：任意一种未与痛苦混合的欢乐，不管它是多么微小，也不管它是如何罕见，它都比那些十分强烈且又频繁出现的欢乐强度更高，而且更真、更美。

普：确实如此，并且这一个例子确实足够了。

**欢乐是一种生成物，
并非生活的最终目的**

苏：让我们继续讨论下一个问题。我们是否经常听到这样一种说法——"欢乐总是一个过程、一种生成物，而且欢乐之中没有一点儿实在"？有些哲学家已经试图向我们证明这个观点，我们应当感激他们，是不是？

普：什么理论？

苏：我的朋友普罗塔库斯，我会通过提问来解释这个理论。

普：你问吧。

苏：有两类事物：一类以自身为目的而存在，而另一类则以其他事物为目的而存在。

普：你在说什么？这两类事物分别是什么？

苏：前一类拥有崇高的本性，而后一类则是低贱的。

普：你必须说得更清楚些。

苏：我想，你之前肯定见过英俊而高尚的青年，以及勇敢爱着他们的人。

普：肯定的。

苏：现在，在所有存在的事物中，你是否能找到另一组有类似区别的事物？

普：难道我必须得第三次重复我的请求吗？苏格拉底，请你把你想说的东西表达得再清楚一些！

苏：普罗塔库斯，这不是什么复杂的东西，我上面只是用了一种有趣的说法。我的意思是：所有的事物都可以分为两类，其中一类事物的存在是为了其他事物，也就是相对的事物；而另一类事物则是这些相对事物的目的，也就是绝对的事物。

普：我终于能明白了，多谢你的重复。

苏：让我们再讨论另一组事物。

普：是什么？

苏：一类是生成物，而另一类则是实在。

普：我接受你说的这两类东西。

苏：太棒了。你觉得生成物的存在是为了实在？还是说实在的存在是为了生成物？

普：你想知道的是：被叫作实在的东西是不是为了生成物而存在，是不是？

苏：显然如此。

普：诸神在上！你是否在问我这样的问题——"告诉我，普罗塔库斯，你觉得造船的活动是为了船的存在，还是说船的存在是为了造船的活动"，以及所有这一类的东西？

苏：普罗塔库斯，这就是我的意思。

普：苏格拉底，为什么你不自己回答呢？

苏：在我看来，诸神之所以赐给我们药品、各式各样的工具，以及原材料，都是为了让我们使用它们来生成某些事物；而每一种生成物都是为了这个实在或者那个实在而存在，并且所有的生成物作为一个整体就是为了作为整体的实在而存在。

普：你说得很清楚。

苏：现在，如果欢乐是一个生成物，那么它就是为了某种实在而存在，而被生成，是不是？

普：确实。

苏：对于这种手段和目的之间的关系，也就是生成物和实在之间的关系而言，目的应该被归入好与善的类别，而手段则应该被归入另一个不同的类别，是不是？

普：这是不可置疑的。

苏：如果欢乐是一个生成物，那么我们不应该把它归入好与善的类别，而应该把它归入另一个类别，对不对？

普：毋庸置疑，是正确的。

苏：那么，正如我们在开始讨论时所说的，我们应当感谢那几位"哲学家"，因为是他们告知我们欢乐总是一个过程、一种生成物，而且欢乐之中没有一点儿实在；除此之外，他显然会嘲笑那些认为欢乐就是好与善的人。

普：肯定的。

苏：而且，他还会嘲笑那些把生成物当作最终目的的人。

普：为什么会这样？你所指的是哪些人？

苏：我说的是这样的一群人：当他们处于饥饿、口渴或者其他缺乏状态时，要是这些缺乏被某种生成物而治愈、满足，他们不仅会为这样的生成物而感到高兴、满足，似乎这个生成物就是欢乐，而且还会说"要是我无法体会到这种欢乐，这种用生成物去满足饥饿、口渴以及类似的缺乏状态而产生的欢乐，我就一刻也不愿活在世上了"。

普：他们确实会这么想。

苏：但是，我们都同意毁灭是生成的反面，对不对？

普：必然如此。

苏：因此，要是某人选择了欢乐，那么他就也就选择了生成和毁灭，而不是第三种生活，也就是既不包含欢乐，也不包含痛苦，而只包括最纯粹的思想和知识的生活。

普：苏格拉底，要是有人想让我们相信欢乐就是好与善，那么他肯定是在胡说八道。

苏：确实如此。

苏：如果有人认为好与善不可能存在于身体之中，也不可能存在于除灵魂之外的其他地方，而只可能存在于灵魂之中，但他同时又认为灵魂中唯一的好与善就是欢乐，而勇气、自律和知识，以及所有灵魂中的其他卓越的品质都不属于好与善，那么这种观点当然是荒谬的。

另外，要是有人同时持有下面的观点，那就更加荒谬了，这种观点就是：当一个人体验到的不是欢乐，而是痛苦的时候，那么即便这个人事实上是最好、最善的人，他也是坏的、恶的；相反，那个体验到欢乐的人则是一个好人、善人，而且他感到的欢乐越是强烈，那么他在德行上就越好、越善！

普：苏格拉底，没有比这更荒谬的说法了。

第六章　正确的欢乐

为了确定欢乐的本质，苏格拉底建议从最强烈的欢乐中去寻找。由于苏格拉底在混合的欢乐中并没有找到欢乐的本质，接下来，他转向了非混合的欢乐，也就是纯粹的欢乐，试图在纯粹的欢乐中找到欢乐的本质。由于纯粹的欢乐比最强烈的混合的欢乐还要好、善，而且欢乐，苏格拉底也就在此确定了欢乐的本质。

首先，苏格拉底区分了两种欢乐：纯粹的欢乐和不纯粹的欢乐。纯粹的欢乐并不混杂痛苦，因此欢乐在它自身之中，而且仅仅依赖它自身。而不纯粹的欢乐则是欢乐和痛苦的混合，是一种依赖它物才产生的欢乐。另外，苏格拉底对这两者又加一个额外的规定：强烈的欢乐（同时也是不纯粹的欢乐）缺乏尺度，而纯粹的欢乐则拥有尺度。因为那些强烈的欢乐允许更多更少，所以应被归入无限的事物，所以是没有尺度的。而纯粹的欢乐应被归入有限的事物，因此是有尺度的。

在此基础上，苏格拉底认为任意一种未与痛苦混合的欢乐，也就是纯粹的欢乐，不管它是多么微小，也不管它是如何罕见，它都比那些十分强烈且又频繁出现的欢乐更欢乐，更真、更美。

因此，欢乐的本质就是纯粹的欢乐，即不混杂痛苦的欢乐，也是绝对的欢乐。

第七章　如何使灵魂变得更好

更精确的技艺
更接近纯粹的知识

苏：我们已经让欢乐经历了各式各样的检验，但是我们不能厚此薄彼，只是草率地对知识和理性进行考察。相反，让我们大胆地从各个方向来攻击知识和理性，用金属圆环来检验一下它之中是否包含合金，是否纯粹，由此，我们可以在它们之中找到最纯粹的知识，然后我们可以把最纯粹的知识和最纯粹的欢乐放在一起，从而对它们进行评价。

普：是的。

苏：在我看来，知识有两个部分：一部分是技术性的，而另一部分则是教育性的，或者具有启发性的，是不是？

普：是的。

苏：让我们以手工技艺为例。首先，让我们考察一下，在各种手工技艺中，某些技艺是否更接近知识，而另一些则不那么接近知识，由此,我们便有资格将前者当作纯粹的知识,而把后者当作不那么纯粹的知识？

普：我们确实应该这么做。

苏：那么接下来，我们是否应当在这些技艺中找出那些优越的知识？

普：哪些技艺是优越的知识？你又是怎么找出它们的？

苏：举例来说，对于所有的技艺而言，如果你去掉它们之中所有的计算、尺度和标准，那么这些技艺中所剩余的东西可以说是没有任何价值的。

普：确实没有价值。

苏：经过这样的操作，技艺之中剩余的就只是猜想，以及经验和惯例对我们官能的训练。这种训练包括了利用我们的官能和能力去做出猜想，而当人们通过训练和辛劳而使得猜想得以稳固，这就成了人们所谓的技艺。

普：我并不能否认。

苏：让我们先以演奏长笛为例，它的和谐并不在尺度之中，而是在通过训练手指而得到的猜测之中。实际上，音乐所有分支的从业者，都尝试着通过猜测琴弦的振动而发现音高，因此，这种技艺混杂了大量的不确定性，而且极不可靠。

普：很对。

苏：你是否发觉相同的结论也可以应用在医药、农业、海上导航和军事战争的领域?

普：肯定的。

苏：然而，建筑的技艺却使用了大量的尺度和工具，而这给予该技艺以高度的精确性，也使得它比其他的技艺更加科学。

普：在什么方面?

苏：在造船和造房子，以及木匠等其他领域中，因为相关的从业人员会使用铅垂线、车床、罗盘、尺子，以及那个精巧的工具——卡钳。

普：当然了，苏格拉底。你说得很对。

苏：现在，让我们把技艺分为两部分：一类像音乐，它们在实践上缺乏精确性；另一类则像建筑，它们具有较高的精确性。

普：同意。

苏：在这些技艺中，最精确的应该就是我刚才提到的第一种技艺，是不是?

普：我想你说的是计算的技艺，以及你刚才提及的与该技艺联系在一起的其他技艺，是不是?

苏：是的。

哲学家的知识是最精确的，
因而是纯粹的知识？

苏：但是，普罗塔库斯，难道你不认为这些精确的技艺也应该被分为两类吗？

普：分成哪两类？

苏：以计算而言，它不应该分为以下两类吗？一类是普通人的计算，另一类则是哲学家的计算，是不是？

普：你怎么区分它们？

苏：普罗塔库斯，它们之间的区别绝对不小。首先，某些数学家虽然关注计算，但是他们却用不等同的单位来计算，例如两支军队、两头牛，或者任意两个什么东西，只要你高兴，单位可大可小。但是，哲学家却并不愿意这么计算，他们会使得每个例子与其他例子之间的单位彼此相等。

普：正如你说的，这些关注计算的人们之间确实有着巨大的区别，所以我们有理由认为确实存在着这两种不同的计算。

苏：好。你现在比较一下木匠和商家所使用的测量和精打细算，和哲学家所使用的几何和数字的运算，你觉得这两者是同一类计算，还是不同种类的计算？

普：根据你之前讲的东西，我说它们属于不同种类的计算。

苏：对。但是你是否明白为什么我们要在这里提出这个问题？我们讨论的目的一直都是试图回答一个与欢乐相类似的问题，也就是说在诸多的知识中，是否存在某种知识，它比其他的知识更纯粹，正如某种欢乐比其他的欢乐更纯粹一样。

普：是的，这是我们的目的。

苏：我们之前的论证是否已经表明：不同的技艺处理不同的对象，并且拥有不同等级的精确度，是不是？

普：是的。

苏：对于我们上述讨论的技艺而言，即便它们被赋予了一个单一的名字，我们也因此认为它实际上就是一门不可分割的技艺，但是，我们现在的讨论不正表明这相同的技艺其实有两个不同的类别吗？因此，我们的问题就是：究竟是哲学家所使用的计算拥有更高的精确性和纯粹性，还是非哲学家所使用的计算拥有更高的精确性和纯粹性呢？

普：这正是我们要问的问题。

苏：那么，普罗塔库斯，我们应该如何回答它呢？

普：苏格拉底，我们已经得知：不同种类的知识在精确度上有巨大的差别。

苏：这个观点能帮助我们更容易地回答上述问题吗？

普：显然可以。让我们这样回答：计算的技艺在精确性上远超其他的技艺，但是，在这些计算的技艺中，那种为哲学家所使用的计算的技艺，由于它们应用了尺度和数字，因而在精确性和真理性上，无限地超过其他计算的技艺。

苏：我们暂且把你的说法当作回答。现在，根据你的说法，我们应当信心满满地回应那些精于曲解论证的行家：存在着两种不同的计算、两种不同的尺度，类似地，很多技艺由此也分为两个不同的种类，尽管它们拥有一个相同的名字。

普：苏格拉底，就让我们以此来回答你所谓的那些行家吧。我也希望我们由此而交上好运。

苏：我们把这些知识当作是最精确的，是不是？

普：肯定的。

纯粹的知识是辩证法？

苏：但是，普罗塔库斯，要是我们不把辩证法放在所有技艺的首位，那么它就会否认我们。

普：辩证法是什么？

苏：随便一个人都能察觉到我所谓的辩证法是什么，因为我确信，一个人，只要他有一丁点儿的理性，那么他就会同意：最真实的知识、最纯粹知识的研究对象是实在、真实和没有变化的东西。普罗塔库斯，你怎么看？

普：苏格拉底，我经常听到高尔吉亚的立场，他认为说服的技艺要优于所有其他的技艺，因为它并没有通过武力就使得所有其他的技艺都屈服于自己，也就是说这些其他的技艺自愿选择受制于说服的技艺，因此它是至今为止最优秀的技艺。所以我现在有点犹豫，不知道是该赞成他的观点，还是该赞成你的。

苏：我猜你最开始想说"你们打一架吧"，但是你的谦逊让你没有这么说。

普：要是这样能让你开心，你就这么想吧。

苏：我亲爱的普罗塔库斯，我的问题从来不是哪一门技艺，或者说哪一种知识是最有用处的，或者是最有威力的，而是哪一种是最清晰、最精确的，哪一种拥有最多的真，不管这门技艺或知识是多么地微小，多么地没有用处，而这才是我们当前要探究的问题。

你也并不会惹恼高尔吉亚，只要你认为高尔吉亚的技艺在实用性上远超其他技艺，但是同时同意我所说的技艺或知识在最接近真理的方面远超其他技艺，正如我所说的"白性"，尽管只是一小点儿的纯粹的东西，但是它却远超那些多而不纯粹的白的东西。

因此，现在我们既不用关注技艺或知识的有用性，也不用关注它们的声望，我们需要仔细思索和反思的是我们灵魂中是否存在着这样的官能：它依其本性而爱着真理，并且所做的一切事情都是为了真理。让我们竭尽全力考察这种官能，并弄清楚它是什么。

普：好。我一直在思考，但是我却很难想出一种技艺比辩证法更接近真理。

苏：你这么回答，是不是因为你察觉到大部分的技艺，以及那些从事它们的人，首先都是在处理意见，并且坚持不懈地研究那些与意见相关的事物？即便他认为他正在研究本质，他倾尽生命所研究的只是这个感官世界的事物，只是这些生成物是如何形成的，它们如何影响别的物体，以及怎么被他物影响。对不对？

普：很对。

苏：他所追求的并不是永恒的实在，而只是些正在生成的物体、将要生成的物体，或者已经生成的物体。

普：很对。

苏：由于这些生成物在过去、现在和未来都不能保持不变、不能保持自身，我们是否能说它们拥有些精确性或真理性吗？

普：必然不能。

苏：要是研究的对象完全缺乏永恒的稳定性，那么我们怎么可能对它形成永恒而稳定的把握呢？

普：确实不可能。

苏：那么，当理性和科学研究这些生成物时，由此而形成的知识不可能包含最完美的真理。

普：自然不可能。

苏：因此，我们便一劳永逸地解决了你、我、高尔吉亚和斐莱布的争论，从而给出下面这个合理的声明。

普：什么声明？

苏：确定性，纯粹性，真实性，以及我们称之为完美的清晰性必须来自于永恒的、没有变化的以及未被混合的事物。假如没有这样的事物，那么前者也要来自于最接近于后者的事物。而其他所有的事物都应被当作是低级的，而被放在第二等级。

普：很对。

第七章　如何使灵魂变得更好

在讨论完绝对的欢乐和相对的欢乐后，苏格拉底将这个区分应用在知识上，试图确定是否存在某种知识，它比其它的知识更纯粹，正如某种欢乐比其它的欢乐更纯粹一样。

在苏格拉底看来，纯粹的知识就是哲学家所使用的计算，由于它们应用了尺度和数字，因而在精确性和真理性上，无限地超过其它计算的技艺，也就是说，它拥有最高的精确性和纯粹性。而它的研究对象是实在、真实和没有变化的东西。

除此之外，不管纯粹的知识多么地微小、多么地没有用处，它在最接近真理的方面远超其它的技艺，因为它是最清晰，最精确的，拥有最多的真。正如苏格拉底所说的"白性"，尽管只是一小点儿的纯粹的东西，但是它却远超那些多而不纯粹的白的东西。

而这种确定性，纯粹性，真实性，以及被称为完美的清晰性必须来自于永恒的、没有变化的以及未被混合的事物。因此，纯粹的知识必然优于不纯粹的知识，纯粹的欢乐也必然优于不纯粹的欢乐。

第八章　至善的生活

对之前至善生活讨论的总结

苏：在这些事物的名字方面，要是我们用最高贵的名字来称呼最高贵的事物，这本身就是最恰当的，对不对？

普：对的。

苏：理性和知识就是最高贵的名字，是不是？

普：是。

苏：要是我们用这些名字来称呼思考"实在"的思想，这也是最准确的，是不是？

普：肯定的。

苏：很好。现在有人会说，我们手边已经有将要进行混合的原材料了，也就是欢乐和知识，那么就开始混合吧，就像是建筑工把他所需要用的材料都放在了手边，从而进行建造。实际上，这个类比倒也并不坏。

普：很合适。

苏：接下来我们就要试着混合它们了？

普：毋庸置疑。

苏：但是，我们最好先重复几个要点。

普：什么要点？

苏：就是那些我们之前提及的要点。尽管如此，我们也还需要重复一下，正如那句包含真理的格言所说，"好的东西值得一而再，再而三地重复"。

普：毫无疑问。

苏：那么，以诸神之名，我就开始了。在我看来，我接下来要说的就是我们整体讨论的要点所在。

普：是什么？

苏：斐莱布认为欢乐是所有生命体的真正目的，而且所有生命体都应该努力尝试得到它；实际上，他认为所有生命的好与善就是欢乐，并且只是欢乐，因此这两个名字——"好与善"和"欢乐"，便指向了同一个东西。

然而，我否认这种观点，我认为善和欢乐，正如它们是两个不同的名字，也是两个不同的事物，并具有不同的本质，并且相较于欢乐，知识和理性拥有更多的好与善。

这就是我们之前的立场，也是我们现在的立场，是不是，普罗塔库斯？

普：肯定是。

苏：我们之前还同意了另一个观点：好与善在某个方面不同于所有其他的事物。

普：哪方面？

苏：这个方面：要是某事物拥有好与善，并且它永恒、完备且绝对地拥有好与善，那么它将永远都不需要其他的事物，对不对？

普：对。

苏：我们之后做了一个思想实验，把好与善和欢乐分开，并将它们分别指派给一种生活。这就形成了两种生活：一种全是欢乐，而没有混合一丝知识的生活，另一种则全然知识而没有丝毫欢乐的生活。对不对？

普：是的。

苏：单就这两种生活而论，有没有哪一个是自足的？

普：都不自足。

苏：要是我们之前弄错了什么东西，现在每个人都有机会把它提出来，并改正它。设想某人把记性、理性、知识以及真的意见等东西放入一个类别，然后他问自己，是否有人愿意拥有或者得到一种不包括这些东西的生活？具体而言，他是否愿意沉浸在无限和最剧烈的欢乐之中，但同时，却无法形成真的意见即"我正在享乐",对他当前的感觉也没有任何知识,甚至一点也记不得这种感觉?然后,让他对知识的生活也问相同的问题。

是否有人愿意选择仅包含知识,但是却没有一丁点儿的欢乐的生活,还是说人们更愿意选择仅包含欢乐,但是却没有一丁点儿知识的生活?

普:苏格拉底,这两种都不会有人选。你没有必要频繁地提同一个问题。

苏:因此,这两种生活都不是完美的生活,都不值得选择,并且都不是至善,是不是?

普:肯定不是至善。

苏:那么正如我们所言,为了确定第二名的位置该给谁,我们现在必须对好与善有个清晰的认识,或者至少了解它的大概轮廓。是不是?

普:是的。

苏:我们已经发现一种抵达好与善的道路,是不是?

普:什么道路?

苏:当你寻找某人时,要是你先正确地确定他住在哪里,在我看来,你已经在寻找的事业上取得巨大的进步了。

普:毫无疑问。

苏：正如我们一开始所说的，为了寻找至善生活在哪里，我们应该首先寻找这两种东西相混合的生活，而不是纯粹的生活。

普：很对。

苏：因为相比于纯粹的生活，我们更可能在恰当混合的生活中找到至善的生活，是不是？

普：确实更可能。

苏：普罗塔库斯，现在就让我们把它们混合起来吧。与此同时，也让我们祈祷诸神的帮助，不管这神是狄俄尼索斯、赫菲斯托斯，还是其他掌管混合的神明。

普：肯定的。

苏：我们像不像一个倒酒器？现在我们边上有两股泉水：一股是欢乐之水，它可能与蜂蜜之泉相连；而另一股则是知识、理性之水，没有掺杂一丁点儿的酒精，这股水虽然不会给人带来欢乐，但却是健康的。我们的任务就是要竭尽全力将这两股泉水完美地混合起来。

普：确实。

**至善生活中
所包括的欢乐和
知识是什么？**

苏：在我们混合它们之前，你先告诉我：要是我们把各种类型的欢乐和各种类型的知识都混合在一起，我们可能成功吗？

普：或许吧。

苏：然而，这并不安全。我可以提出另一个混合的方案，而且这种混合的方式很安全。

普：什么方式？

苏：你是否发现某种欢乐比其他的欢乐更真实，而研究前者的技艺比研究后者的技艺更精确？

普：当然。

苏：在不同的知识类别间也有一种区别；某些知识的研究对象是生成和毁灭的事物，而另一些则研究既没有生成，也没有毁灭，永恒存在并且自身等同的事物。根据它们与真之间的关系，我们认为后者比前者更真实。

普：确实如此。

苏：如果我们先把这两类事物中最真实的部分混合起来，那么是这种混合物足以提供给我们最令人向往的生活，还是说我们仍然需要混合进一些其他的东西?

普：在我看来，我们应该再混合进一些其他的东西。

苏：那么，让我们设想有这样一个人，他知道公正自身是什么，而且也能给出充足的理由，来支持他的知识；当然了，他也知道其他的实在，并能给出理由来支持这些知识。

普：我同意。

苏：如果他只知道神圣的圆的定义、神圣的球体的定义，但是对感官世界的圆和球体，他却一无所知，并且他也只使用神圣规则来建造房子，那么他是否拥有充足的知识呢?

普：苏格拉底，如果他只知道这些神圣的知识，那么这个人就相当可笑了。

苏：什么？难道你想把那些不纯粹和不确定的东西也扔进我们的器皿中来吗？把那些使用错误的测量和错误的圆的技艺，也扔进来吗?

普：是的，要是我们想找到通往至善的道路，我们就必须这么做。

苏：那么，我们要把音乐也混合进来吗？那种充满了猜测和模仿，并缺乏纯粹性的音乐，也要混合进来吗?

普：是的。要是你所谓的混合生活还有资格被叫作生活，那么我想你必须把音乐加进去。

苏：那么，你是不是想让我表现得像一个看门人，一个被人群反复推搡的看门人？我是不是应该放弃职责，打开所有的门，让各种知识都一拥而入，让纯粹和不纯粹的都混合在一起？

普：苏格拉底，在我看来，只要某人掌握了最基础、最优秀的知识，知道些不纯粹的知识并不会对他造成什么危害。

苏：那么，我应当让所有的东西，都流入到荷马所谓的"各路水域的交汇处"？

普：当然了。

苏：好的，那就加入它们。现在我们必须回去看看欢乐之泉。我们最初计划把欢乐和知识中最真实的部分进行混合，但是这个计划并没有成功。因为我们对知识的爱，使得我们在加入欢乐之前，就加入了各种类型的知识。

普：你说得很对。

苏：现在我们就要用相同的方式来考察一下欢乐。我们是加入所有种类的欢乐，还是仅仅先加入那些最纯粹的欢乐？

普：先加入纯粹的欢乐是一个更安全的选择。

苏：那么，就加入它们。但是，接下来呢？如果某些欢乐是至善生活的必要构成部分，难道我们不应该把它们也混合进来吗？就像我们在知识领域所做的那样。

普：当然了。如果某些欢乐是必要的，那么我们肯定要把它们混合进来。

苏：我们之所以把各类知识都加进来，是因为它们总是无害的，并且还有用处。同样地，对于所有的欢乐而言，要是我们一辈子都享受某种欢乐，但是它总是无害的，甚至是有益的，那么我们就应当把它加进来，让它与各类知识混合起来。

普：这些欢乐是怎样的呢？我们要怎么做呢？

苏：普罗塔库斯，你不应该问我们，而应该去问欢乐自己，以及知识和理性，让它们自己来回答。

普：我该问些什么问题呢？

苏："亲爱的欢乐，告诉我：你是否愿意和所有的知识在一起？还是完全不愿意和知识沾边？"我想，它们只可能有一种回答。

普：是什么？

苏：就是我们之前说过的："让一个家庭处于独居和孤立的状态，与所有其他的家庭不相往来，这既不可能，也没有好处。在比较了所有的家庭之后，在我们看来，最好的选择就是让我们与知识的家庭住在一起，知识的家庭不仅应该包括对所有其他对象的知识，也应该尽可能包括对每一种欢乐的知识。"

普：**"**绝妙的回答**"**，我们将这么回答它们。

苏：很对。在问过欢乐自身之后，我们必须对知识和理性提出类似的问题——"你是否愿意在混合物中加入欢乐？"它们可能会问："你所谓的欢乐是哪一种？"

普：很可能。

苏：我们的讨论可能以下列方式继续。我们可能会问："知识啊，除了纯粹的欢乐，你是否想让最强烈、最剧烈的欢乐也成为你的伴侣，也与你混合起来呢？"

它们可能会回答："苏格拉底，我们怎么会需要它们呢？它们给我们带来了无穷的障碍，因为它会给人类的灵魂，也就是我们的居所，带来疯狂；除此之外，它使得我们家族完全无法存在，因为它使我们耽于欢乐，变得粗心和健忘，从而很可能就此毁灭我们的子孙后代。

然而，至于你提到的正确的和纯粹的欢乐，它们是我们的家人；当然了，你还可以加上那些健康的欢乐、节制的欢乐，以及各种致力于美德的欢乐，只要它是美德，那么我就允许你加入相应的欢乐。但是除此之外，再无他物。

但是，要是你想把知识与那种欢乐相混合，与那些追随愚蠢和其他的坏与恶的欢乐相混合，那将是毫无意义的，因为我们最愿意看到一个尽可能美丽和平静的混合物，并尝试从中理解人类和宇宙中的好与善是什么，以及好与善自身的神圣本质究竟是什么。

知识所给的这个回答是不是很有道理，而且很得体？不仅对它自己而言是有道理的，而且对于记忆和真意见而言都是很有道理的，是不是？

普：确定无疑。

知识的生活比
欢乐的生活更接近至善？

苏：但是肯定还要再加入一种东西，因为如果缺乏这个东西，什么东西都不可能生成。

普：你所谓的"这个东西"是什么？

苏：如果一个事物中没有混合"实在"，那么它就不可能生成，或者，即便它已经生成，它也不会持续存在。

普：确实不可能。

苏：没有一丝可能。但是如果在我们的混合物中仍然缺少其他的东西，请你和斐莱布指出来，因为在我看来，我们对混合物的讨论已经结束了，还得到了一个结论，而且该结论类似于灵魂中的法则，和谐地统治着身体。

普：苏格拉底，我也这么看。

苏：因此，我们就有理由说：我们现在就站在至善生活的门槛上，我们马上就可以看到至善生活这个家庭的各个成员了，是不是？

普：我肯定同意。

苏：在这个混合物中，哪一个成分是最珍贵的？哪一个成分使得混合物的状态（至善生活）被人所爱？一旦我们找到了这个成分，我们将进一步探究它的本质，并弄清它是与欢乐更紧密，还是与知识和理性更亲近。

普：你说得对。你提出的这种方法，确实会帮助我们解决最终的问题。

苏：要找到是什么东西使混合物拥有最高的价值，又是什么东西使混合物没有一丝价值，这一点也不难，是不是？

普：你什么意思？

苏：对于任意一种混合物而言，如果它缺乏尺度或比例，那么它必然会毁掉它的各个构成部分，而最重要的，它也毁掉了它自己。因为在这种情况下，它并不是真正的混合物，而只是一个内部没有任何关联的杂糅物；如果某人所持有的只是这种杂糅物，那么此人就是不幸的。

普：很对。

苏：现在我们发现，好与善躲藏在美的本质之中，因为在所有地方，尺度和比例的特征既构成了美，也无一例外地构成了德行，也就是好与善。

普：肯定的。

苏：我们说过，真或者实在性是混合物的一个成分。

普：确实。

苏：如果我们无法仅通过一个观念来找到至善生活，让我们把它变成三个观念，也就是美、比例和真（或实在），从而根据这三者的统一体来找到至善生活。我们会说，这三者的统一体决定了至善生活的各种性质，并且，正是因为这三者的统一体是好的、善的，至善生活才是好的、善的。

普：你说得很对。

苏：现在，每个人都应当能就欢乐和知识进行判断，决定哪一个更接近至善，哪一个在人类和诸神中更加荣耀。

普：答案是很明显的，但是你最好清楚地解释一下。

苏：现在，让我们依次考察这三者与欢乐和知识之间的关系，因为我们得确定，与这三者更亲近的，究竟是知识还是欢乐。

普：你所谓的"这三者"是美、真（实在）、尺度，对不对？

苏：是的。普罗塔库斯，让我们先讨论真（实在）。当你拿出真之后，你再看一下这三个东西——知识、真和欢乐。请你多花一些时间，然后再回答你自己的问题：是欢乐更接近真呢，还是知识更接近呢？

普：为什么需要这么长的时间？毕竟，这两者之间的区别巨大，因为欢乐是所有骗子中最坏的。根据一些寓言的说法，尽管性行为的欢乐被多数人视为最强烈的欢乐，但是诸神并不会接受这样的伪证。欢乐更像是一个小孩儿，没有一丁点儿的理性。

但是，知识的情况则完全不同，因为知识要么与真等同，要么是所有事物中最像真的东西，并且比所有其他的事物更真。

苏：接下来，让我们用相同的方式来考察尺度，来看一下是欢乐比知识拥有更多的尺度，还是知识比欢乐拥有更多的尺度。

普：这很容易。因为我觉得没有人能找出比欢乐和剧烈的满足更加非尺度化的事物，也没有人能找出比理性和知识更加尺度化的事物。

苏：很对。但是现在我们要考察第三个标准了——知识是否比欢乐拥有更多的美，也就是说，知识比欢乐更美丽，还是说正好相反。

普：苏格拉底，不管是醒着还是睡着的人，没有人曾经把理性和知识看作是丑陋的，没有人会认为它们现在会变成丑陋的，也没有人认为它们将来会是丑陋的。

苏：正确。

普：但是，当我们看到某些人沉醉于欢乐之时，尤其是处于最强烈的欢乐之时，我们会在这种欢乐里察觉到一种东西，它要么是荒谬，要么是极度的下流，从而使得我们感到羞耻，并竭尽全力地将它们隐藏起来。我们会只在晚上做这样的事情，似乎觉得这些事情一定不能暴露在光线之下。

根据至善生活来排序其他的生活？

苏：所以，结论就是：欢乐并不属于第一等级，也不属于第二等级；相反，那个永恒的本质，那个拥有尺度、适度以及其他类似特征的永恒的本质才应当属于第一等级。

普：看起来是这样的。

苏：第二等级是具有良好比例的、美的、完备的、自足的东西，以及所有其他属于这个类别的东西。

普：是的，看起来确实如此。

苏：要是你把理性和知识放入到第三等级，我想你也不会错得很离谱。

普：或许不会吧。

苏：我会把仅属于灵魂的东西，例如知识、技艺、真的信念等归入第四等级，并说这些东西紧随前三个等级的各种事物，因为它们比欢乐更加接近至善生活。

普：或许吧。

苏：第五等级的东西将会是那些没有痛苦的欢乐。我们称它们为灵魂自身纯粹的欢乐，这些欢乐有些时候与知识相连，有些时候则与知觉相连。是不是？

普：或许吧。

苏：俄耳甫斯说过"有序的歌声会停在第六次降调处"，看起来，我们的讨论也会在确定第六等级之后结束。因此，一旦我们确定了第六等级的对象，我们所剩下的任务就只是为冠军戴上王冠了，是不是？

普：是的。

苏：来吧，让我们"向拯救者献上第三杯祭酒"，从而第三次重复我们之前的论证吧。

普：怎么做？

苏：斐莱布宣称所有的欢乐总是好的、善的，并且在所有方面都是好的、善的。

普：苏格拉底，你所谓的"第三杯祭酒"就是再总结、重复一下整个论证！

苏：是的，但是请你也听一下这之后的事情。我理解你所给出的详细论证，但是我却极其厌恶斐莱布和那些多数人经常持有的立场；所以我认为：理性和知识要远远好于欢乐的生活，而且对人类生活更有价值。

普：正确。

苏：但是，假设存在一种至善生活，并且它优于这两种生活，那么我会认为理性、知识的生活应该拥有第二名的位置，而欢乐的生活不仅会丢掉第一名的位置，也会丢掉第二名的位置。

普：你确实这么说了。

苏：在这之后，我已经充分地证明这两者都没有资格成为至善生活。

普：很对。

苏：在这个论证中，知识的生活和欢乐的生活都没有资格成为至善生活，因为它们都缺乏独立性、自足性和完备性，是不是？

普：确实。

苏：尽管至善生活比这两者都要更好、更善，但是，相较于欢乐的生活，知识的生活确实更接近、更亲近冠军，也就是至善生活。

普：毫无疑问。

苏：根据我们刚才讨论所得到的结论，欢乐就要接受第五名的位置，是不是?

普：似乎如此。

苏：但是，欢乐肯定不是第一，尽管世界里所有的牛、马等其他牲畜都会由于对欢乐的追求而将其列为第一！正是因为很多人接受的是这些牲畜的证词，正如预言家依赖鸟类的证词，他们才把欢乐当作至善生活的最重要的部分；更有甚者，他们甚至认为，动物的欲望更具有说服力，是更好的证言，而不是那些被神明所庇护的哲学家的知识和理性。

普：苏格拉底，我们现在都同意，你所得到的结论十分正确。

第八章 至善的生活

在本章中，苏格拉底再次重申至善的生活是欢乐和知识相混合的生活，并给出了具体的混合方式。然后根据这种混合方式，苏格拉底对各种事物进行了排序，并由此对三种生活给出了最终的排序：至善生活是最好的生活；另外，尽管知识的生活和欢乐的生活都没有资格成为至善生活，理性和知识要远远好于欢乐的生活，而且对人类生活更有价值，因为相较于欢乐的生活，知识的生活确实更接近、更亲近冠军，也就是至善生活。

首先，苏格拉底重申了至善的生活是欢乐和知识相混合的生活。而全是欢乐，而没有混合一丝知识的生活，以及全然知识而没有丝毫欢乐的生活，由于它们都不是完美的生活，所以它们都不是至善的生活。

接下来苏格拉底就开始讨论这种混合具体是如何操作的。首先，我们需要加入纯粹的知识。其次，我们可以加入各式各样的知识，因为只要某人掌握了最基础、最优秀的知识，知道些不纯粹的知识并不会对他造成什么危害。然后，我们需要加入纯粹的欢乐，但却不能加入其它的欢乐，例如最强烈、最剧烈的欢乐。最后，我们需要加入"实在"，因为如果没有实在，那么它就不可能生成，或者，即便它已经生成，它也不会持存。这样便完成了知识和欢乐的混合，而得到了至善生活。

在说明混合的方式后，苏格拉底便开始根据这种混合方式对各种生活进行排序。居于第一等级的是那个永恒的本质，也就是那个拥有尺度、适度以及其它类似特征的永恒的本质。第二等级的是具有良好比例的、美的、完备的，自足的东西，以及所有其它属于这个类别的东西。第三等级的是纯粹的知识和理性。第四等级的则是仅属于灵魂的东西，例如知识、技艺、真的信念等归入第四等级，并说这些东西紧随前三个等级的各种事物，因为它们比欢乐更加接近至善生活。第五等级的则是纯粹的欢乐。

因此，至善生活是最好的生活。尽管知识的生活和欢乐的生活都没有资格成为至善生活，理性和知识要远远好于欢乐的生活，而且对人类生活更有价值，因为相较于欢乐的生活，知识的生活确实更接近、更亲近冠军，也就是至善生活。

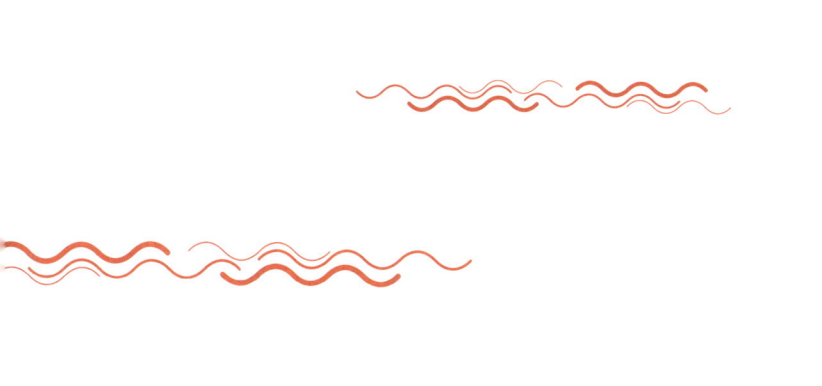

II

高尔吉亚篇

导读

在《高尔吉亚篇》中,苏格拉底与三位学者进行对话,他们分别是高尔吉亚、波卢斯和卡利克勒斯。他们讨论的主要问题是:人们所想要的东西究竟是什么?值得人们渴求的对象究竟是什么?在这些问题上,苏格拉底从根本上挑战了他们的看法。

《高尔吉亚篇》大体上是由一系列的论证所构成。在这些论证中,一边是由三位学者所代表的普通人的观点,另一边则是苏格拉底自己的看法。因此,我们最好按照对话录展开的方式来进行介绍,先是苏格拉底和高尔吉亚的论证,然后是和波卢斯的论证，最后则是和卡利克勒斯的论证。实际上，在苏格拉底反驳了高尔吉亚的观点"至善是拥有权力"后，波卢斯和卡利克勒斯所做的事情，不过是在该观点的基础上，对其修修补补，从而使之在他们看来不可反驳。具体而言，他们将高尔吉亚的观点分解为以下两个观点："好与善是拥有权力"，而"拥有权力是有能力做他自认为恰当或最好的事情"。

首先，苏格拉底和高尔吉亚之间的论证要点如下：

高尔吉亚认为修辞学，也就是擅长于说话、说服他人（*尤其是说服大众*）的能力是一种非常有吸引力，而且令人羡慕的技能。高尔吉亚有两个理由：第一，该能力会给修辞学家或者拥有它的人带来巨大的权力；第二，该技能的研究对象是对我们人类而言最重大、最美好的事情。

然而，当苏格拉底询问"为什么修辞学能给拥有它的人带来巨大的权力"时，高尔吉亚认为：这是因为修辞学家知道普通人和大众所想要的东西是什么，知道哪些东西会被大众视为好与善，当作令人渴求的。而正是由于修辞学家拥有该知识，他们才能够擅长说话、说服大众，拥有巨大的权力，而同时又不必拥有某种特殊的知识，例如医学的知识、数学的知识等。然而，这样的话，修辞学家所独有的知识（*知道大众所想要的东西*）似乎一点也不崇高，与对人类而言最重大、最美好的事情相去甚远，因为这样的修辞学看起来更像是大众的奴隶，只是对大众自认为重要的东西唯命是从，盲目满足他们的各种需求。

当高尔吉亚承认"对我们人类而言最重大、最美好的事物必然是好的、善的，而不可能是时好时坏的事物"时，他也就承认了"（掌握该能力的）修辞学家必然公正地使用修辞学，而不可能愿意做坏事、恶事。"然而，高尔吉亚却同时承认某些习得修辞学的学生可能会滥用修辞学，从而做了坏事、恶事，因为权力（修辞学）既能以好与善为目的，也同样能以坏与恶为目的。因此，修辞学所研究的对象就并不是对人类而言最重大、最美好的事情。

其次，苏格拉底和波卢斯之间的论证要点如下：

在苏格拉底询问"拥有权力意味着什么"后，波卢斯答道：拥有权力意味着你有能力去做你想做的事情，而这种随心所欲同时也是一件好事、善事。在这之后，波卢斯又数次修改他的回答，但是无论如何，他的解释都无法满足"拥有权力对于拥有它的人必然是好的、善的"，因为对于波卢斯所给出的每一个回答，事情最终都会变为：即便拥有权力对持有它的人是好的、善的，但它同样也会对持有它的人是坏的、恶的，而且前者有多好，后者就会有多坏。

最后，苏格拉底和卡利克勒斯之间的论证要点如下：

在卡利克勒斯看来，波卢斯之所以会被苏格拉底驳倒，是因为他承认了以下两个类别：一个类别是拥有权力，随心所欲，以及做自己认为好与善的事情（波卢斯和卡利克勒斯认为这些表述都是相同的），另一个类别则是美丽的、令人羡慕的和神圣的事物，并认为这两个类别是不同的。而卡利克勒斯则恰恰相反，他认为拥有权力和神圣的事物是同一回事。因此，在他看来，我们不能任由习俗和传统来指引我们，来告知我们什么是好与善，而要鼓起勇气，奋起反抗这些传统和习俗，并由自己来决定究竟是该接受这种传统，还是抛弃它，因为对人类最重大、最美好的事情并不是由传统和习俗所规定的好与善，而是由人的自然本性所规定的好与善，也就是拥有权力去做自己想做的事情，以及自己认为的好与善的事情。

在该对话录剩余的部分里，苏格拉底致力于否定这种看法，而卡利克勒斯则试图坚持这种看法。公平地说，即便到了对话录的结尾，苏格拉底的论证也并未成功说服卡利克勒斯，也未使其放弃此立场。至于苏格拉底是否说服了读者，这就要由读者自己去判断了。

篇末的神话是为了表明：用正确的方式来思考人的欲望，

并用正确的方式来满足这些欲望是极其重要而严肃的事情，因为该神话表明，如果人们以错误的方式来思考和满足欲望，或者没有竭尽全力用正确的方式来思考和满足欲望，未曾审视自己的欲望和人生，那么在你死后，你所应受到的公正待遇就是这样的惩罚和伤害。因此，神话的作用就是为了告知读者，苏格拉底和三位学者之间的冲突，绝不能等闲看待，绝不能把它仅仅当作一种理论上的争执；相反，这种冲突是牵扯到生与死的重要事宜，是牵扯到人的自我和灵魂的生与死的事宜。

第一章　高尔吉亚所谓的修辞学

修辞学的研究对象

苏格拉底：但是，你肯定不想把所有的这些技艺都称作修辞学。尽管在你看来，修辞学是通过话语而发挥作用的技艺，但是如果有人想故意找碴，他可能会说"高尔吉亚，根据你的说法，你也会把算术当作修辞学，是不是？"然而，我很确信，你既不会把算术当作修辞学，也不会把几何当作修辞学。

高尔吉亚：是的，苏格拉底，你理解得很对，而且你的反驳也很恰当。

苏：针对我提出的问题，你现在要给个完整的回答。既然有很多技艺都通过话语来发挥作用，而修辞学碰巧只是其中的一员，那么请你试着告诉我，相较于其他技艺，修辞学所研究的这种话语，它发挥作用所依赖的这种话语，究竟有什么优越之处？

针对我之前所提到的任意一种技艺，试想某人问我，"苏格拉底，研究算术的技艺是什么？"正如你刚才所说，我会回答"这是一种通过话语而发挥作用的技艺"。再试想，他继续问，"这种技艺的研究对象是什么？"我会回答"奇数和偶数，以及所有与奇偶相关的事物"。

如果他接下来问，"你称作计算的技艺是什么？"我会说，"这也是一个通过话语而发挥所有作用的技艺"。要是他继续问，"这个技艺的研究对象是什么？"我将模仿那些为大众制定法律的人的口吻，而答道：尽管在其他事宜中，计算和算术是相同的，毕竟它们的研究对象是相同的——也就是奇数和偶数，然而它们之间仍有一个区别，那就是计算不仅研究奇数和偶数的加减乘除，而且还研究奇数们之间的关系、偶数们之间的关系以及奇数偶数之间的关系。

类似地，要是有人问我"天文学是什么"，我会回答"天文学是一个通过话语而起作用的技艺"。如果他继续问，"苏格拉底，天文学所研究的对象是什么？"我将会回答，"对象是星星、太阳和月亮的运动，以及这些物体之间的相对速度"。

高：苏格拉底，你这么说很正确。

苏：高尔吉亚，现在轮到你了。你认为修辞学是一门仅通过话语而进行，并发挥作用的技艺，是不是？

高：是的。

苏：那么告诉我们，修辞学的研究对象是什么，在所有存在的事物中，修辞学使用的话语所针对的对象是什么。

高：苏格拉底，修辞学的研究对象是人世间最重大、最美好的事物。

人世间最重大、最美好的事物

苏：高尔吉亚，这回答不仅有歧义，而且一点也不清楚。什么是人世间最重大、最美好的事物呢？

我确信，你听过人们在酒宴上所唱的那首《酒神颂》，它列举了人生中最美好的事物——"最好的是身体健康，次之的是美丽强壮，然后第三等的，"根据作者的说法，"就是合法财富"。

高：我听过。但你为什么要讲它呢？

苏：该作者称赞了三种技艺，设想你现在和擅长这些技艺的人在一起，也就是和医生、体育教练和商人在一起，他们会说些什么。

首先，医生会说，"苏格拉底，高尔吉亚正在欺骗你！研究人世间最重大、最美好事物的并不是修辞学，而是我的技艺！"然后，如果我问他，"是谁在说这些话？"或许他会回答,"我是一名医生。"随后,如果我继续问,"当你说你的研究对象是至善的时候,你是什么意思?"他或许会说,"怎么可能不是呢?对人类而言,有什么会比健康更好、更善呢?"

请你继续设想,紧随医生之后,体育教练说,"苏格拉底,要是高尔吉亚能表明修辞学所带来的好与善能超过我的技艺所带来的,那么我会十分惊讶。"同样地,我会问他,"你是谁,先生,你的技艺是什么?"他会回答,"一个体育教练,我的技艺研究的是:如何使人们的身体美丽、强壮。"

在体育教练之后,商人会走过来。正如我想的,他会鄙视前两种人,然后说,"苏格拉底,你考虑一下高尔吉亚或者任意一个其他人所创造的东西,在这些东西里,有什么会比财富更好、更善?"此时,我们会对他说,"什么?你是研究财富的行家吗?"他会回答"是的。"同样地,我们会问,"你是谁?"他会回答"商人。"之后,我们会说,"然后呢?你是否认为财富对人而言是最大的善?"他会回答"当然如此"。

但是,我们会反驳道,"好的。但高尔吉亚并不这么认为,他认为修辞学的研究对象比财富更好、更善。"很显然,在这之后,商人会问,"那么高尔吉亚所谓的好与善是什么呢?让他解答一下吧。"那么,高尔吉亚你来吧。就当你现在正被这些行家所询问,当然也包括我,告诉我们你的回答吧:你所谓的对人类而言最大的善是什么？修辞学所带来的东西究竟是什么？

高：苏格拉底，事实上，它带来的东西就是最大的善；而且它一方面给人类带来了自由，另一方面也给他们带来了在城邦中统治他人的权力。

苏：这个东西是什么？

高：我说的是在法庭上通过话语去说服法官的能力，在评议会上说服议员的能力，以及在集会或者其他讨论公共事件的会议上说服民众的能力。

而且我告诉你，借助于这种能力，你将使医生和体育教练成为你的奴隶，而那个商人，他赚的钱并不会进入他自己的腰包，而是进入你的口袋之中，你这个能够说服大众的人的口袋之中。

苏：高尔吉亚，我觉得你已经基本说清你所谓的修辞学是什么了。如果我理解正确的话，你认为修辞学会产生说服，而且最终目的都可归结于说服。还是说，你认为修辞学除了在听众的灵魂中产生说服外，还能做其他的事情？

高：苏格拉底，没有其他事情了。我很满意你所给出的定义，而这也确实是修辞学的核心部分。

**修辞学
所产生的说服**

苏：你认为修辞学会产生说服，但说服的真正本质是什么呢？该说服所处理的对象是什么呢？对于说服的这些特征，尽管我确有一些看法和猜测，但我向你保证，我并没有清楚地理解你的意思。不管怎样，我还是要问问你：在你看来，修辞学所产生的说服是什么？说服的研究对象是什么？

…………

告诉我，要是我强迫你回答下面这个问题，你是否会觉得我这么问是恰当的？试想，我问你，"在众多画家里，宙克西斯是哪一类的画家？"而你只告诉我"他是画人的"，在这种情况下，要是我继续问你"他所画的人是哪一种""他所画的人来自哪里"这些问题时，我这么问是否恰当？

高：恰当。

苏：这么问之所以恰当，是不是因为虽然他们都是画人的画家，但是他们彼此所画的人却并不相同？

高：是的。

苏：但是，假如天底下的画家只有宙克西斯这一个，那么你的回答就很正确了。

高：确实。

苏：你现在给我讲一下修辞学。你是认为只有修辞学能产生说服，还是认为其他的技艺也能产生说服？

我想说的是：一个教授他人东西的人，不管他教授的东西是什么，他总是通过教授而说服他人去接受这些东西。对此，你怎么看？

高：苏格拉底，他肯定在说服。

苏：针对我们之前所说的那些技艺，让我们来问相同的问题：算术或者算术的行家是否教授我们关于数字的东西？

高：是的。

苏：并且他也说服了我们？

高：是的。

苏：因此，算术也能产生说服？

高：显然如此。

苏：如果某人问这是哪一类的说服，这种说服的对象是什么，我想，我们会这么回答他：这是一种针对奇数和偶数的加减乘除的教育性的说服。对于我们刚才所讲的其他技艺，我们应该也能表明它们也产生了说服，并表明这些说服是哪一类的，以及这些说服的处理对象是什么，对不对？

高：对。

苏：那么修辞学并不是唯一能够产生说服的技艺。

高：很对。

苏：这样的话，由于修辞学并不是唯一能够产生说服的技艺，那么，正如我们在画家的例子中所做的那样，我们也有资格进一步问你："修辞学所产生说服是哪一类的？这些说服的处理对象是什么？"还是说，你认为我们没有资格？

高：你们有资格。

苏：高尔吉亚，既然你觉得这是很公平，那么你就来回答吧。

高：好的，苏格拉底。我所谓的那种说服，正如我之前所说的，是那种在法庭和任意公共集会上的说服，而它处理的对象是那些公正和不公正的事情。

**修辞学家仅仅
说服民众去相信某物？**

苏：让我们来考察另一个问题：你会说某人"已经学会"某种东西吗？

高：我会。

苏：某人"已经相信"某物呢？

高：我会这么说。

苏：在你看来，"已经学会"和"已经相信"是同一样东西吗？或者说,学习的过程和相信的过程是同一样东西吗？还是说你觉得它们并不相同？

高：苏格拉底，我觉得它们是不同的。

苏：你的判断很正确。你之所以这么想，可能是因为：如果某人问你,"高尔吉亚,是否存在假的信念和真的信念？"我想你会回答"这两种信念都存在"。

高：是的。

苏：好。现在,是否有真的知识和假的知识呢？

高：不可能有。

苏：因此，信念和知识显然并不相同。

高：是的。

苏：但是，那些已经学会某事的人和仅仅相信某事的人都能被说服。

高：是这样。

苏：那么，你是否允许我们假定两不同种类的说服,一种说服只给对方提供信念而不提供知识，而另一种则既提供知识又提供信念？

高：当然。

苏：既然修辞学家能在法庭和公共集会上产生与公正事宜相关的说服，那么这种说服属于哪个种类的呢？是只给我们提供信念而不提供知识的说服,还是既提供知识,又提供信念的说服?

高:显而易见,是那种只产生信念的说服。

苏:因此,看起来修辞学之所以能够说服听众,并不是因为它教授给听众什么是公正,什么是不公正,而是因为它使听众相信了某些东西。

高:是的。

苏:所以,在法庭和公共集会上,修辞学家并没有教授给人们什么是公正,什么是不公正,而只是使得人们相信某样事物。因为我觉得在这么短的时间内,修辞学家并不能教授给数量庞大的民众这么重要的事情。

高:他肯定不能。

第二章　高尔吉亚对修辞学的定义

**修辞学家比任意领域的
专家都更有说服力?**

苏：现在让我们看看，如果我们这么解释修辞学，会在现实里产生怎样的后果。我承认，我之所以这么做，是因为我自己还没弄清修辞学究竟是什么。

当城邦举行会议，来为某个项目委任医生、造船者或者其他各式各样的行家，他们肯定不会请修辞学家来给出建议，是不是？显而易见，在这种情况下，我们必须委任相关行业最熟练的行家。在关于砌墙、建造港口或者码头的会议中，给建议的并不是修辞学家，而是精通建筑的行家。当我们挑选将军或者选择御敌、保卫领土的策略时，给出意见的并不是修辞学家，而是将军们。

高尔吉亚，你认为这些例子怎么样？……当你被我发问时，就当你自己也被他们所发问："高尔吉亚，如果我们跟着你学习，我们能得到什么呢？对于城邦的诸多事宜而言，我们有资格对哪些事物进行建议？只能是关于公正和不公正的事情吗？还是也包括了苏格拉底刚才所提到的那些事，例如建筑和保卫领土的策略？"请你试着回答他们。

高：苏格拉底，我将试着向你清晰地展示修辞学的全部威力，以及它所能做成的所有事情。实际上，你自己已很好地指明了方向。针对于建造码头、雅典的城墙和港口的人选，我确实认为它们来自塞米斯托克利斯①的建议，而有些工程的人选则来自于伯里克利②的建议，而不是来自于相关行业的专家的建议。

苏：高尔吉亚，关于塞米斯托克利斯，确有这样的说法。而关于伯里克利，当他建议建造中部城墙时，我还听过他的讲演。

高：苏格拉底，尽管你刚才讲了很多行家，但是你会发现：每当他们被任命时，正是修辞学家给出了建议，也正

---

① 塞米斯托克利斯（约公元前525年—前460年）：古希腊的重要政治家，他曾主张修建一堵从雅典近郊海湾延伸到雅典城的城墙，以便雅典在陆地被围困时通过该墙从海路运送物资。

② 伯里克利（约公元前495年—前429年）：古雅典政治家。在他任职期间，执行发展工商业和奖励文化的政策；修建帕提侬神庙等许多著名建筑；推动雅典民主政治发展，被誉为希腊（雅典）的"黄金时代"。

是修辞学家在这些事务上的观点占据了优势。

苏：高尔吉亚，正是这些东西使我惊异，所以我想问一下，修辞学究竟有多大的神通？因为，照你这种说法，我会觉得修辞学是一个伟大的奇迹。

高：苏格拉底，只有在你知道修辞学的所有能耐，知道它如何支配其他的技艺之后，你才能真正明白修辞学的伟大。

接下来我会告诉你一些不寻常的例子，来佐证我的说法。我经常和我哥哥或其他的医生去一些病人的家里，我发现有些病人会拒绝吃药，或者不允许医生对他身上的伤口进行手术或者烧灼。当医生无法说服他时，而我，仅仅使用修辞学，却说服了他。

除此之外，我还认为，要是修辞学家和医生去任意城邦中的任意地方，你可以随便挑一个你喜欢的地方，让他们在专业的集会、或者其他任意的集会中就谁应当被任命为医生进行辩论，你会发现，只要修辞学家想得到这个任职，他就肯定能当选，而医生则不可能当选。

这种情况并不局限于医生的行业，如果这个修辞学家要与其他领域的行家进行竞争，不管他要说服的对象是谁，他都能说服他们，从而得到任命，因为在所有的主题上，相较于其他领域的任意一位行家，修辞学家都更能说服大众。这就是修辞学力量的伟大之处，也是它的奇特之处。

但是，人们使用修辞学的方式应当与使用其他竞争性技艺的方式一样，即人们没必要利用该技艺来击倒、打垮他人。在竞争性的活动中，人们没必要为了征服他的朋友或对手，而使用该技艺来攻击他们，例如，你没必要仅仅由于你学会了拳击、摔跤或者击剑，就去痛打、捅，甚至杀掉你的朋友。

让我们设想一个人去摔跤学校进行训练，然后锻炼出一副好身体，成了一个拳击手，但是他却痛打他的父亲、母亲，以及他的家庭成员和朋友。然而，即便如此，我们也并没有理由去憎恨他的教练和教授他拳击的人，更没有理由把这些行家驱逐出他们的城邦，因为这些行家在教授这些技艺时，他希望该技艺应当公正地用于对抗敌人、行恶之人和自我防卫，而不是用于攻击。但是，他的学生却扭曲了自己的力量和技艺，由此滥用了该技艺。因此，我们不能认定老师是邪恶的，也不能认定这种技艺是有责任的、邪恶的；反倒是，那些滥用了这些技艺的人才应当受到指责，才是真正邪恶的。

实际上，该论证也适用于修辞学。修辞学家有能力反对任何人，而且在任意主题上，他都可以更容易地说服大众接受他所喜欢的事物。然而，虽然他有能力去盗取医生或者其他行家的名誉，但是该能力自身却并未迫使他必须去做这件事。他应该公正地使用修辞学，正如人们应该公正地使用其他竞争性的技艺。

除此之外，在我看来，如果某人已成为修辞学家，并且利用这种能力和技艺去做坏事，那么我们不应当恨他的老师并将他的老师驱逐出境，因为老师教授的是"你应公正地使用这种技艺"，但是学生却以截然相反的方式去使用它。因此，应当被憎恨、驱逐出境，或者判处死刑的应该是学生，而不是老师。

…………

苏：你是不是说，你可以使他说服民众接受任意事情，但并不是通过教授民众，而是通过说服他们？

高：当然了。

苏：你刚才说，即便在健康的事宜上，修辞学家也比医生更有说服力？

高：是的。实际上，我的意思是：对于民众而言，修辞学家更有说服力。

苏：这里的"民众"是不是指那些无知的人？因为对于那些拥有知识的人而言，我不觉得修辞学家会比医生更有说服力。

高：你说得对。

苏：另外，要是修辞学家比医生更有说服力，那么他就会比那些在该领域有知识的人更有说服力，是不是？

高：当然。

苏：即便该修辞学家并不是一个医生，你说的也成立，是不是？

高：是的。

苏：但是，如果某人不是医生，那么在医学领域里，他肯定并未拥有医生所持有的那些知识，对不对？

高：明显如此。

苏：所以，假如修辞学家比医生更具有说服力，那么对于没有知识的民众而言，一个在该领域没有知识的人就会比在该领域有知识的人更具有说服力。我这个推论对不对？

高：在这个例子里，确实有此推论。

修辞学家必然拥有关于公正的知识？

苏：那么对于修辞学家和修辞学而言，该推论也能应用到其他的技艺上：人们根本没必要知道这些实际事宜的真相，他唯一需要的只是找出某些说服的机制，从而使得在那些没有知识的民众看来，没有相关知识的修辞学家比那些真的拥有知识的行家知道得更多。

高：苏格拉底，修辞学是不是一条捷径？因为某人只用学习一门修辞学，即便他忽略了所有其他的技艺，他也可以比其他领域的行家知道得更多。

苏：仅仅由于这个技艺，你就说修辞学家强于其他行家，对此我依然存有疑问。如果探讨它有助于推进我们的论证，我们一会儿就来考察它；但是现在，先让我们考察这个观点：在公正和不公正、可耻和令人羡慕、善和恶的领域中，修辞学家是否也拥有在医学和其他领域中的地位？也就是说，他并不拥有关于公正和不公正、可耻的和令人羡慕、善和恶的知识，但在这些领域，他依然可以采取某些手段来说服别人，从而使得自己在没有知识的民众眼中，他这个没有知识的人比那些有知识的行家更有知识？

还是说，修辞学家必然知道这些知识，也就是说，对于那些想跟着你学习修辞学的学生而言，在他来到你这里之前，他必然知道了这些前置的知识？

或者，即便他们并不必然拥有这些前置的知识，但是你作为修辞学的老师，也并不会教授他这些知识——毕竟教授什么是公正、什么是不公正的，并不是你的本职工作——而你只会教授他另一些东西，使得他尽管没有这些知识，但会使民众觉得他拥有这些知识，使得他尽管并非好的、善的，但是民众会觉得他却是好的、善的？

还有一种可能，除非学生之前就知道了关于这些事宜的真理，否则你将完全无法教授他修辞学。

高尔吉亚，哪一种才是事情的真相呢？宙斯在上，正如你之前所承诺的那样，请你揭开蒙在修辞学上的面纱吧，向我们展示修辞学的真正威力吧。

高：苏格拉底，我觉得如果他真的没有这些知识，那么他将从我这里学到这些知识。

苏：在这里停一下！我很高兴你这么说，因为，如果你可以使一个人成为修辞学家，那么他必然知道什么是公正和不公正，不管是在跟你之前就已经习得，还是之后从你这里学到的。

高：是这么回事。

修辞学家永远不会愿意不公正地行事

苏：一个已经学会建筑的人是一个建筑师，是不是？

高：是的。

苏：一个已经学会音乐的人是不是一个音乐家？

高：是的。

苏：一个已经学了医学的人就是一个医生，是不是？相同的结论可以应用在所有其他的技艺上，也就是说，一个已经学得某种技艺的人就会被他所学的知识塑造为某种行家？

高：是的。

苏：那么，根据这种推理，一个已经学会"什么是公正"的人就是一个公正的人，是不是？

高：必然如此。

苏：在我看来，一个公正的人做公正的事情，是不是？

高：是的。

苏：现在，一个公正的人是否必须愿意做公正的事情？

高：显然如此。

苏：因此，一个公正的人永远不会愿意不公正地行事。

高：必然如此。

苏：因此，根据上述论证，修辞学家必然是公正的。

高：是的。

苏：所以，一个修辞学家永远不会愿意不公正地行事。

高：对，显然不会做。

修辞学家会不公正地使用修辞学，但永远不会愿意不公正地行事？

苏：你是否记得你之前说过：如果拳击手不公正地使用了他的技艺，做了不公正的事情，那么我们既不应当指责他的教练，也不应当将教练驱逐出境。类似地，如果一个修辞学家不公正地使用修辞学，那么我们不应当指责他的老师，或者将其驱逐出境，而是应当指责和驱逐那些做了不公正事情的人，也就是那些滥用修辞学技艺的人。你是不是这么说过？

高：是的，我说过。

苏：但我们现在已发现，修辞学家永远不会做不公正的事情，是不是？

高：是的。

苏：而且高尔吉亚，在我们刚开始讨论的时候，你说过修辞学的研究对象是话语，不是那些以奇数偶数为对象的话语，而是那些以公正和不公正为对象的话语，是不是？

高：是的。

苏：好的。当你说这些话时，我以为你是在说：修辞学家将永远不会做不公正的事情，因为修辞学所研究的话语总是与公正相关的话语。但是不久之后,你却说修辞学家也可以不公正地使用修辞学。对此我极其惊讶,因为我觉得你这些说法并不一致。

…………

然而当我们进一步考察该问题时,你自己却又说了截然相反的观点:修辞学家不可能不公正地使用修辞学,也不可能愿意做不公正的事情。

高尔吉亚,犬神在上,要想弄清你所说的哪一句话才是真的,我们所需要的远远不止一个简短的讨论!

波卢斯:苏格拉底,怎么会这样?你表达了你对修辞学的看法,但你真的相信这种看法吗?你不会真的认为,高尔吉亚由于羞愧而承认"修辞学家知道什么是公正、什么是令人羡慕的,以及什么是好与善",修辞学家就真的知道这些事情了,从而永不行恶?而另一方面,他也同样由于羞愧,而不得不接受你的提议,承认"如果那些并不懂得何为公正,何为好与善,何为令人羡慕的学生先来拜师,他也会教授这些学生这些关于好与善的知识"。

根据高尔吉亚所接受的这两个观点,或许会出现一些不一致,而这正是你所乐意见到的。但是,将他引入这些问题和不一致中的人,是你苏格拉底,而并不是高尔吉亚自己!

试想，谁会否认自己拥有关于公正的知识呢？又有谁会否认自己会将此知识教授给他人呢？如果你想用这种方式来引入矛盾，使得人们陷入进退维谷的境地之中，那么我觉得这只是低级趣味。

苏：令人羡慕的波卢斯啊，我们结交朋友、生养子嗣也并不是毫无意义的。我们之所以这么做，就是为了当我们自己由于年迈而犯错时，你们这些年轻人可以在边上纠正我们，让我们的一言一行都重回正轨。如果高尔吉亚和我说的东西都是有问题的，正好你在这里，你就来帮助我们重回正轨吧，而这也是你唯一的义务。

第一章和第二章：高尔吉亚与苏格拉底

高尔吉亚认为，修辞学是最令人羡慕的技艺，但是却无法给出修辞学或修辞学家的定义。之后，高尔吉亚在苏格拉底的帮助下，给出了自己认同的修辞学家的描述。但是，苏格拉底认为高尔吉亚所谓的修辞学家是不一致的，因此该定义是有问题的。

在苏格拉底的帮助下，高尔吉亚认为修辞学家应该具有两个特征：第一，修辞学研究的对象是什么是公正的和什么是不公正的，因此修辞学家们知道什么是公正、什么是令人羡慕的、以及什么是好与善；第二，修辞学家可以"说服民众接受他对任意事情的价值判断"，虽然这种说服只给对方提供信念而不提供知识。

苏格拉底认为如此刻画的修辞学家是不一致的。因为一方面，高尔吉亚认为修辞学家是价值判断方面的专家，那么他必然知道什么是公正和不公正；而且，由于"一个已经学会'什么是公正'的人就是一个公正的人"，因此修辞学家必然是一个公正的人，也必然不会愿意不公正地行事。但是另一方面，高尔吉亚也认为修辞学是一种技艺，它既可以被公正地使用，也可以被不公正地使用，所以他也同意修辞学家可以不公正地使用修辞学。

因此，高尔吉亚一方面认为修辞学家不会愿意不公正地行事，另一方面又认为修辞学家可以不公正地使用修辞学，因而他自己陷入了自相矛盾，所以他对于修辞学家的刻画是有问题的。

第三章　拥有权力的人

**苏格拉底认为
修辞学并不是技艺？**

波：苏格拉底，既然你认为高尔吉亚的定义有问题，那么你对修辞学的定义是什么？

苏：你是在问我，我觉得修辞学是哪一种技艺吗？

波：是的。

苏：波卢斯，跟你说实话，我觉得修辞学根本不是技艺。

波：那你觉得修辞学是什么呢？

苏：根据我最近读的一本书，修辞学是用来产生技艺的原材料。

波：什么意思？

苏：修辞学是一种因熟练而掌握的技巧。

波：你认为修辞学是一种熟练的窍门？

苏：是的，除非你还有其他的建议。

波：修辞学在哪方面是熟练的?

苏：修辞学熟练于产生某种满足和欢乐。

波：要是修辞学能使人们得到满足感,你不认为它是令人羡慕的吗?

苏：波卢斯,难道你已经理解我所谓的修辞学是什么了,因此你才问第二个问题——修辞学在我看来是否令人羡慕?

波：你不是认为修辞学是一种因熟练而掌握的技巧吗?

苏：既然你看重满足,那么你愿意满足我一个小小的愿望吗?

波：好啊。

苏：你问我:你觉得烹饪是哪一种技艺?

波：好的。烹饪是哪一种技艺呢?

苏：波卢斯,烹饪完全不是技艺。

波：那么,烹饪是什么呢?

苏：烹饪是一种因熟练而掌握的技巧。

波：它在哪方面是熟练的?

苏：波卢斯,它熟练于产生满足和欢乐。

波：所以,修辞学和烹饪是同一种东西?

苏：不，绝对不是，它们属于同一个领域，但是处于不同的部分。

....

苏：高尔吉亚，在我看来，修辞学并不是技艺，而只是一种用胆大妄为、巧言善辩的方式来操纵人性的技巧而已；简而言之，我称之为谄媚。我觉得谄媚的领域还有其他部分，烹饪就是其中一部分。烹饪看起来是一种技艺，但根据我的理论，它并不是技艺，而只是因熟练之后而形成的技巧。我认为谄媚的领域包括四个部分：烹饪、修辞学、化妆和诡辩，并且它们指向四个不同的对象。

所以，如果波卢斯想探究它们，就让他探究去吧。他还没有搞清楚，我所谓的修辞学是谄媚中的哪一个部分。但是，他没有注意到我并未回答该问题，就急匆匆地追问"我是否认为修辞学是令人羡慕的"。只有在我告诉他修辞学是什么之后，我才会回答，我究竟认为修辞学是令人羡慕的还是可耻的。波卢斯，现在你看出来你错在哪里了吧？

**修辞学只是
谄媚的一个部分？**

苏：你来问我，我所谓的修辞学是谄媚中的哪一个部分。

波：我会的。你告诉我它是谄媚中的哪一个部分？

苏：那么，你能明白我的回答吗？根据我的理论，修辞学是某部分政治学的摹本。

…………

高：别管他。请你告诉我，你所说的"修辞学是某部分政治学的摹本"是什么意思？

苏：好的，我会尝试着描述，我所谓的修辞学究竟是什么。如果修辞学在实际上并非如此，波卢斯，请你一定要反驳我。我相信，你会把一些东西叫身体，把另一些东西叫灵魂，是不是？

高：是的。

苏：那么你是否接受身体和灵魂都有一种健康的状态？

高：我接受。

苏：好。那么它们是否也有一种表面上健康，但实际上并非如此的状态？我想说的是这种情况：有很多人虽然表面看起来身体健康，但是医生或者体育教练却能发觉他们并不健康。

高：对。

苏：我想说，这种情况既存在于身体，也存在于灵魂之中，也就是说，有些东西会使身体和灵魂看起来健康，但实际上却并不健康。

高：是这样的。

苏：现在让我看看，我是否能尽可能清楚地解释我的意思。我说，对应于身体和灵魂这一组对象，有两种技艺。我把研究灵魂的技艺，叫作政治学；而研究身体的技艺，我现在还不能不假思索地给你一个名字，因为尽管照料身体是一种技艺，我却认为它有两个部分：健身和医术。类似地，政治学也有两个部分，与健身对应的是立法，而和医术对应的则是审判。这每一组中的两个技艺，也就是医术和健身，审判和立法之间，都有些类似的特征，因为它们研究的对象是相同的。尽管如此，同一组的两个技艺之间仍有不同。这四个部分总是在提供照料，健身和医术照料身体，立法和审判则照料灵魂，并且使它们达到最好、最善的状态，也就是最健康的状态。

现在谄媚注意到了这四种技艺，我认为谄媚并不是通过知识，而是通过猜测才注意到这四种技艺。然后它将自己也分为四个种类，给这四个摹本戴上这四种技艺的面具，假装这些摹本就是那四种技艺本身。

谄媚完全不关心对身体和灵魂最好、最善的东西，而只是通过感官上的享乐来诱惑那些粗心大意的愚蠢者，并将其圈住，使这些人相信谄媚才是最值得追求的。烹饪假装自己是医术，装作知道哪些食物对身体最好、最善，甚至，如果一个厨师和一个医生不得不在小朋友面前，或者在像小朋友一样愚蠢的大人面前竞争，比比在好的食物和坏的食物方面，他们两个谁拥有更专业的知识，那么医生将会挨饿致死。波卢斯，我在跟你说话，我把这种东西叫作谄媚，叫作可耻的，因为它只关心带来欢乐的东西，但却完全不考虑最好、最善的东西。

另外，我说这不是一种技艺，而只是熟练之后所掌握的技巧，是因为它既不能解释它的应用对象的真正本性，也不能说出形成这些对象的原因。而如果一种东西缺乏这些解释，那么我就拒绝称其为技艺。如果你在这些事上不同意我的观点，我愿意为它提供辩护。

然而，正如我所说的，烹饪是一种伪装成医术的谄媚，化妆也以相同的方式伪装为健身。化妆是有害的、欺骗的、不光彩和粗野的，它通过线条、色彩、化妆品和着装来行骗，从而使得人们沉醉于外在的、不属于他们自身的美，而忽略

<u>了通过健身而得到的属于他们自身的美。</u>

但是，正如我之前说的，尽管修辞学和诡辩在本质上并不相同，但由于它们的关系如此亲密，人们便倾向于把诡辩家和修辞学家混作一团，认为他们从事的是同一个领域，研究的对象也是相同的；他们这两种人都并不知道如何理解真正的对象，其他人也并不知道。

实际上，如果灵魂没有掌管身体，而是身体掌管它自己，那么审查、分辨烹饪和医术的便不是灵魂，而是身体自身。如果由身体对这两者进行判断，也就是说，根据身体所得到的满足来进行评价，那么阿那克萨哥拉的说法将再次盛行，波卢斯你应该很熟悉这种观点——"万物都将在此混合，医术、健康和烹饪的对象将混在一起，再也无法区分。"你现在已经听到我对修辞学的看法了。它就是灵魂中的"烹饪"，烹饪对身体所做的事情，修辞学也会实施在灵魂上。

⋯⋯⋯⋯⋯

波：那么，你说的究竟是什么呢？你认为修辞学是谄媚吗？

苏：我说它是谄媚的一部分。波卢斯，你年纪轻轻就这么健忘了吗？你将来会变成什么样啊？

"拥有权力"意味着
给拥有权力的人带来好与善?

波:那么你是否认为,优秀的修辞学家由于被当作谄媚者,因此就要被认作是毫无价值的?

苏:你现在是在向我提问,还是发表感想?

波:我在提问。

苏:我认为他们极其卑贱,根本不值一提。

波:你这是什么意思?他们根本不值一提?他们不是在各自的城邦中拥有最大的权力吗?

苏:如果"拥有权力"意味着给他自己带来好与善,那么他们就没有权力。

波:我所谓的"拥有权力"确实就是这个意思。

苏:这样的话,我认为修辞学家在其城邦中拥有最小的权力。

波:你是认真的吗?难道他们没有像僭主一样,想让谁死就处死谁,看谁不顺眼就没收他的财产,并将其驱逐出境吗?

…………

苏:我告诉你,你这段话里有两个问题;当然了,请你放心,我会一一作答。波卢斯,正如我刚才说的,我认为修辞学家和僭主在他们的城邦中都拥有最小的权力，因为他们做的事情都不是他们想做的、不是他们愿意做的，尽管他们做的事情在他们看来是最恰当、最好和最善的。

波：好的。难道这不就是最大的权力吗？

苏：不，至少波卢斯认为这不是最大的权力。

波：我什么时候说这不是最大的权力了？我肯定认为这是最大的权力！

苏：诸神在上，你肯定不这么认为！因为你说：拥有最大的权力会为此人带来好与善。

波：我确实这么说了。

苏：那么你是否认为，当某人缺乏理性、缺乏知识的时候，即便他做了在他看来是最好、最善的事情，这事情本身是否就是好的、善的呢？你会称其为"拥有最大的权力"吗？

波：不，我不会这么说。

苏：那么，你是否能证明修辞学家确实拥有理性，并且修辞学是一门技艺，而不是谄媚，从而来反驳我？如果你无法证明这些事情，无法反驳我，那么我就要得出结论，尽管修辞学家和僭主能在他们的城邦中随意做他们觉得恰当的事情，他们会发现，做这些事情并不会给他们带来好与善，因为如你所说，**权力就是好与善，但是也正如你所承认的，"如果缺乏理性、知识的人去做他觉得恰当的事情，那么这便是坏与恶"**，还是说你不同意？

波：我同意。

苏：那么，波卢斯，如果你要证明修辞学家或者僭主在他们的城邦中拥有最大的权力，你是不是要反对苏格拉底的观点，并证明他们所做之事就是他们所愿意做的、他们想做的？修辞学家们做了些事情，但是我否认他们愿意这么做。你来吧，来反驳我吧。

波：你刚才是不是同意，他们做的事情在他们看来都是恰当的，都是好的、善的？

苏：是的，并且我现在依然同意。

波：那么，他们做的事情不就是他们所愿意做的吗？

苏：我可没这么说。

波：即便他们认为这些事情是恰当的，是好的、善的？

苏：是的。

波：苏格拉底，你的说法可太令人震惊了，太荒谬了。

…………

苏：在你看来，每当人们在做一件事情的时候，他们想从中得到什么？是这件事情本身，还是他们做这件事所带来的东西？举例来说，你觉得一个人服下医生所开的药，他是仅仅想实施吃药的行为，体验这种痛苦，还是说，他想要变得健康，而吃药可以实现这个目的？

波：显然，他们想要变得健康。

苏：那些做海上贸易、以及用其他方式而赚钱的商人，他们所想要的并不是海上颠簸的旅行，毕竟没有人想经受危险且麻烦的海上旅行；在我看来，他们是想通过这样的方式而变得富有，也就是说，他们是想要变得富有才不得不去海上旅行的。

波：是的，确实如此。

苏：那么，这能否应用到所有情况——如果某人做事件甲是为了事件乙，那么他所想要的并不是事件甲，而是事件甲所实现的目的，也就是事件乙？

波：是的。

苏：现在，在善的、恶的，以及这两者之间的那种既不善又不恶的事物之外，还会有其他的事物吗？

波：苏格拉底，必然不可能有。

苏：那么你是否认为智慧、知识、健康、财富以及类似的东西是好的、善的，而它们的反面则是坏的、恶的？

波：是的。

苏：而对于既不善又不恶的事物，你的意思是：它们有些时候是好与善的，有些时候是坏与恶的，而其他时候则既不是善的也不是恶的。例如，坐着、行走、奔跑、航海旅行，或者石头和木头，以及类似的东西，你所谓的既不善又不恶指的不就是这些东西，还是说，你另有所指？

波：我说的就是这些东西。

苏：现在，人们做这些既不善又不恶的事情是为了善的事物，还是反过来，人们做善的事情是为了既不善又不恶的事物？

波：肯定是为了善的事物，人们才做这些既不善又不恶的事情。

苏：因此，当我们行走时，我们是为了追求某些好的、善的东西才行走，由此我们才觉得行走是更好、更善的行为；另外，当我们坐着时，我们追求的也是相同的东西，也就是某些好的、善的东西，是不是？

波：是的。

苏：因此，假如僭主处死某人，或将他驱逐出境，或没收他的财产，这也是因为他觉得，这么做会比不这么做更好、更善，是不是？

波：很对。

苏：因此，正是因为某些好的、善的东西，才使得这些人做出这些事情，是不是？

波：我同意。

苏：我们之前已经同意：如果我们做事情甲是为了事情乙，那么我们并不愿意，并不想单纯地做事情甲；实际上，我们愿意、想做的是事情乙，也就是好的、善的东西，我们正是为了这个目的，才做出了这些事情，是不是？

波：千真万确。

苏：那么我们并不愿意，并不想单纯地处死某人或将其驱逐出境，或者没收他的财产。事实却是：如果这些事情对我们而言是好的、善的，那么我们会愿意做这些事情，反之，如果这些事情对我们而言是坏的、恶的，那么我们就不愿意这么做。正如你所言，我们所愿意、所想要的是好与善，而不是那些既不善又不恶，更不是那些坏与恶。波卢斯，在你看来，我说的东西对不对？为什么你不回答？

波：你说得对。

苏：既然我们同意这些事情，设想某人（不管他是修辞学家还是僭主）处死另一个人、或将其驱逐出境，或者没收他的财产，他之所以这么做，是因为他觉得这件事对他而言是好的、善的，尽管实际上这对他却更坏、更恶。我相信在这种情况下，这个人做了他认为恰当的事情，做了他认为好与善的事情，是不是？

波：是的。

苏：现在，假设这些事情实际上是坏的、恶的，那么这些事情是否就是他所想要的，他所愿意的呢？你为什么不回答？

波：嗯，在我看来，他所做的事情并不是他所意愿的东西，也就是好与善。

苏：根据你的说法，如果拥有权力是好的、善的事情，那么这样的人会在城邦里拥有巨大权力吗？他能得到好与善吗？

波：他不可能得到，也不可能拥有权力。

苏：那么，我所说的就是对的。即便一个人在城邦里做了在他看来是恰当的事情，他仍有可能并没有巨大的权力，而且也没有做他所想做、愿意做的事情，也就是好的、善的事情。

"拥有权力"意味着可以随意不公正地处死他人？

波：苏格拉底，你是认真的吗？好像你自己并不喜欢拥有这种权力，并不喜欢在城邦里随意做你觉得恰当的、好的、善的事情！好像当你看到僭主处死某人、没收他的财产或者判他入狱时，你不会嫉妒似的！

苏：你说的这些行为是公正的，还是不公正的？

波：你管他是公正的，还是不公正的，难道说这种能力自身不值得羡慕吗？

苏：波卢斯，注意下你的言辞。

波：怎么了？

苏：因为我们不应当羡慕这种不值得羡慕或者凄惨的人，而必须怜悯他。

波：你是认真的吗？这就是你对僭主和修辞学家的看法吗？

苏：是的。

波：所以，你认为要是一个人觉得恰当，而处死了某人，并且他以公正的方式处死了此人,那么这样的人也是凄惨的,是可怜的?

苏:不,我不这么认为,但我并不觉得他是令人羡慕的。

波:你刚才不是说他是凄惨的吗?

苏:我的朋友,只有那种不公正地处死他人的僭主才是凄惨和可怜的。但是,如果僭主公正地处死他人,那么他只是不足以令人羡慕。

波:我想不管怎样,那个被不公正处死的人肯定是可怜和悲惨的。

苏:波卢斯,这个被处死的人不如那个不公正地把他处死的人悲惨,也不如公正地把他处死的人悲惨。

波:苏格拉底,这怎么可能呢?

苏:这是因为做不公正的事情就是最坏、最恶的事情。

波:真的?那是最坏的事情?遭受不公正的待遇不是更坏吗?

苏:事实上,一点也不。

波:所以,你宁愿遭受不公正的待遇,也不会主动做不公正的事情,是不是?

苏:对我而言,这两件事情我都不愿意做。但是,如果我不得不在这两种情况里选一个，我将会选择被不公正地对待，而不是主动做不公正的事情。

波：那么，你也不会接受僭主的权力了？

苏：当然不会，如果你所谓的僭主的权力就是可以随意不公正地处死他人。

波：我所谓的僭主的权力就是我刚才所说的，他有能力在城邦里做任何他觉得恰当的事情，不管是处死别人，驱逐别人，还是任何其他他觉得恰当的事情。

苏：好的，我的好伙伴。我先给个例子，然后你来反驳它。设想在一个拥挤的市场里，我在袖子里藏了一把匕首，然后告诉你："波卢斯，机缘巧合之下，我已经得到了类似僭主的权力。因为你看，在这人群里，要是某个人立刻死掉在我看来是适合的，那么他将必然死去；如果割掉他们的脑袋对我而言是恰当的，那么就立刻割掉他们的脑袋；如果撕烂他的衣服是恰当的，那么就撕烂它。这就是我在该城邦中所拥有的巨大权力！"

要是你不相信我的话，那么我就会在你面前晃晃我的匕首。我想当你看到匕首的时候，你大概会说："但是苏格拉底，每个人都能以这种方式拥有巨大的权力，因为根据这种方式，只要你觉得恰当、有好处，你可以烧掉随便哪座房屋、雅典城的造船厂和三列桨船，以及其中所有公家和私人的船只。"但是，某人仅做他觉得恰当、有好处的事情，并不是拥有巨大的权力。还是说，你认为这就是拥有巨大的权力？

波：不，至少不是这样子的。

"拥有权力"意味着
随心所欲且不会带来坏处？

苏：你能告诉我，为什么你不觉得这是拥有巨大的权力？

波：是因为这样做事的人必然会受到惩罚。

苏：那么，被惩罚是一件坏事吗？

波：肯定是。

苏：好，我的朋友，你又转回到之前的观点了：在某人做了他觉得恰当的行为的前提下，如果该行为只会带来好处，那么这就不仅是一件好的事情，而且似乎还是巨大的权力；然而，如果该行为没有带来好处，那么它就是一件坏的事情，而且意味着没有权力。让我们来考察另一个观点：难道我们不认为，对于我们现在所讨论的处死、驱逐和没收财产等事情而言，有时候做这些事情能带来好处，有时候却无法带来好处？

波：确实。

苏：看起来，你和我都同意这个观点？

波：是的。

苏：那么，你觉得什么时候做这些事情会更好，会带来更多的好处？告诉我你区分有好处和没好处的界线吧。

波：苏格拉底，现在由你来回答这个问题。

苏：波卢斯，要是你更愿意听我的回答，我会来回答的。我认为，当某人公正地做这些事情时，这会带来更多的好处；当某人不公正地做这些事情时，这就会带来更多的坏处。

…………

苏：但是，如果一个人不公正地行动，并没有得到惩罚，那么按照你的理论，他就是幸福的？

波：是的。

第四章　随心所欲而不受惩罚是否是一种快乐？

**随心所欲却未受惩罚
对僭主而言是最坏的？**

苏：波卢斯，在我看来，如果一个人不公正地行动，那么他是十分悲惨的。而且，如果他没有受到与他所行之恶相当的惩罚，他的悲惨程度便会超过十分；相反，如果他既受到诸神的惩罚，又受到人们的惩罚，那么他的悲惨程度便低于十分了。

波：苏格拉底，你试图持有的观点可太荒谬了！

苏：是的，我的好朋友，但我会试着让你也采取相同的立场，因为我把你当作一个朋友。这就是我们所持观点的不同之处，现在请你跟着我来考察一番。我之前说过主动做不公正的事情比被动遭受不公正的事情更坏，是不是？

波：是的，你说过。

苏：而你认为被动遭受不公正的事情更坏？

波：是的。

苏：之后，我认为那些做了不公正事情的人是悲惨的，然后被你反驳了。

波：宙斯在上，是的。

苏：另一方面，你又认为：那些做了不公正的事情的人，只要没有受到惩罚，那么他们就是幸福的。

波：确实。

苏：尽管如此，我觉得这些人是最悲惨的人，而那些做了不公正的事情，并且受到惩罚的人却反而没有那么悲惨。你是否也想驳斥这个观点？

波：苏格拉底，为什么这个观点会比其他的更"难"被驳斥呢？

苏：波卢斯，这不单单是更难被驳斥，而是根本不可能被驳斥，因为真理永远不会被驳斥。

波：你想说什么？设想有一个人试图通过不公正的方式成为僭主，但当他做某些不公正的事情时，他被抓住了。然后他被推进拷问室，被阉割，甚至眼睛都被挖了出来；这还不够，之后他还遭受了各种各样的其他虐待，被逼着目睹他的妻儿遭受相同的待遇；最终，他被钉死或者被浇油而活活烧死。

但是，让我们设想另一种可能，假如他没有被抓到，然后当上了僭主，之后便统治着他的城邦，做着他想做的任意事情，并被本地人和外地人所羡慕，被视为幸福的人。

难道前者比后者更幸福吗？难道这就是你所谓的不可能被驳斥吗？

苏：波卢斯，你现在并没有反驳我，而仅仅是在吓唬我。你刚才想通过拉拢更多的同伙来反驳我，也是一样在吓唬我而已。不管怎样，你看我的理解对不对：你刚才说的是，如果一个人计划使自己成为僭主，但他的方式是不公正的，是不是？

波：是的。

苏：在这样的前提下，任何一方都不会比另一方更加幸福。不公正夺权且成功的人不幸福，夺权失败而遭受到惩罚的人也不幸福，因为他们都是悲惨的，而悲惨的人都是不幸福的，所以不存在谁比谁更幸福的问题。

但那个未被逮到，最终成为僭主的人会更加悲惨。波卢斯，你在做什么呢？你在嘲笑我吗？现在嘲笑也成为一种新型的驳斥方式了吗？难道说你现在不用驳斥对方，而仅仅嘲笑提出观点的人，就足以算作驳斥了吗？

波：苏格拉底，当你提出一个观点，但是世界上没有一个人认同它时，你不觉得你已经被完全驳斥了吗？你可以随便找一个在场的人问问，看看他们会不会同意你的说法。

苏：波卢斯，我并不是一个政治家。去年我被抽签选中，从而成了议会的一员。然后当我们部族主持的时候，我不得不发起一个投票，但是迎接我的只是嘲笑，因为我不知道投票的具体流程是什么。所以，请你不要让我于此再发起一次投票，你知道我肯定会失败的。

但是，要是除了投票之外，你没有更好的方式来驳斥我，就让我建议一种新的驳斥方式，你可以尝试用这种方式来反驳我，因为我确实知道如何向一位证人表明我的意思，如何向他提供证据，此人就是现在正在与我进行辩论的人，而至于其他人，则完全没有必要搭理。除此之外，如果对象是很多人，我则无话可说，一点也不知道怎么弄。

因此，如果你愿意反驳我的话，那么你就回答我提的问题吧。在我看来，你、我和世上的其他人都认为主动做不公正的事情比被动地遭受不公正的事情要坏得多、恶得多；而对于做了不公正的事情的人而言，不接受相应的惩罚的人比接受惩罚的人更坏、更恶。

做了不公正之事的人
是否会比被动遭受的人更加痛苦？

苏：波卢斯，主动做不公正的事情和被动遭受这样的事情，你觉得哪一个更坏？

波：我觉得被动遭受更坏。

苏：那么，你告诉我，这两者之间，你觉得哪一个更加可耻？

波：做不公正的事情。

苏：要是做不公正的事情更加可耻，那么它是否也是更坏、更恶呢？

波：一点也不坏。

苏：我明白了。显而易见，你并不相信令人羡慕的和好与善是相同的，你也不相信可耻和坏与恶是相同的。

波：我肯定不相信。

苏：好，那这个呢？对于所有的令人羡慕的东西而言，当你认为它们是令人羡慕的时候，例如，令人羡慕的物体、颜色、形状、声音或者惯例，你是否参照了某个标准？

我们先以令人羡慕的物体为例。你之所以称它们是令人羡慕的，要么是因为它们有助于实现某个特殊的目的，或者是因为某些满足感，也就是说，当我们持有该物体时，它可以给该持有者带来欢乐。对于这些物体之所以是令人羡慕的，你还能提出其他理由吗？

波：我提不出来了。

苏：这种情况是否适用于所有其他的东西？你之所以称形状或颜色是令人羡慕的，是不是因为它要么会带来欢乐，要么对该事物有好处，要么两者皆有？

波：是的，我是这么想的。

…………

苏：那么，这是否也适用于学习领域中令人羡慕的东西呢？

波：肯定适用。苏格拉底，你现在用欢乐和善来定义"令人羡慕"，这个定义自身就是学习领域中令人羡慕的东西。

苏：那么，我对于可耻的定义就要依赖于它们的反义词，也就是痛苦和恶，是不是？

波：必然如此。

苏：因此，如果说甲比乙更令人羡慕，则是因为：要么甲比乙带来了更多的欢乐，要么甲比乙（对目的）更有好处，要么两者皆超，是不是?

波：是的，很对。

苏：如果说甲比乙更可耻，则是因为：要么甲比乙引起了更多的痛苦，要么甲比乙更恶，要么两者皆超，是不是必然如此?

波：是的。

苏：好。对主动做不公正的事情和被动遭受不公正的事情，我们要怎么看呢?如果说主动做不公正的事情比被动遭受更加可耻，那是不是因为，要么主动做会比被动遭受引起了更多的痛苦，要么是因为主动做更恶，要么是两者皆超?是不是必然如此?

波：当然了。

苏：让我们先考察：主动做不公正的事情是否会比被动遭受这些事情引起更多的痛苦，那些做了不公正事情的人是否会比被动遭受的人更加痛苦。

波：苏格拉底，前者肯定不会更加痛苦。

苏：所以，如果前者在痛苦上没有超过后者，那么它也不可能在两者上都超过后者。

波：显然如此。

苏：因此，前者只能比后者更恶，更有坏处。

苏：你之前已经接受了该观点，而现在大多数的人肯定也会接受它：主动做不公正的事情比被动遭受更加可耻。

波：是的。

苏：而且，我们已经发现：前者比后者更恶。

波：似乎如此。

苏：那么，你会不会接受更恶和更可耻的东西，而放弃那些不那么恶、不那么可耻的东西？波卢斯，不要迟疑，赶紧回答吧。这不会对你造成任何坏处，就像是回答医生的提问一样，你就豪爽地说出你自己的想法吧，不管你是赞同还是反对。

波：苏格拉底，我不会接受更可耻的东西，而放弃不那么可耻的东西。

苏：其他人也会这么做吗？

波：苏格拉底，至少按照你的说法，没有人会这么做。

苏：那么，我之前说的东西就是正确的，即在主动做不公正的事情和被动遭受中，你、我以及任何一个人都不会选择前者而放弃后者，因为前者确实更恶。

波：显然如此。

接受公正的惩罚
对被罚者而言是好事？

苏：那我们继续考察这个观点：如果某人主动实施了某事，那么是否必然存在一些事物，该事物是施事者实施该行为的载体。

波：我同意。

苏：那么该载体是否遭受到施事者所实施的事情，并且该载体所遭受的事情就是施事者所做的事情？举例来说，当某人敲击时，那么一定存在承载该敲击的对象，也就是被敲击的事物，是不是？

波：必然如此。

苏：除此之外，如果施事者的敲击是猛烈的或者快速的，那么受事者所遭受的敲击也是同样的，即猛烈的或者快速的。

波：是的。

苏：所以，不管施事者怎样实施他的行为，受事者所遭受事情的方式总与前者的实施方式相同。

波：很对。

苏：因此，如果施事者实施烧的行为，那么必定有东西被烧了。

波：当然了。

苏：然后，如果施事者烧的行为是剧烈的或者引起痛苦的，那么，受事者被烧的方式与施事者所烧的方式是一模一样的？

波：肯定。

…………

苏：简而言之，你是否同意把我刚才的观点应用于所有情况，也就是不管施事者做了什么事，受事者都会遭受前者所做的事，并且遭受的方式与施事者所采取的方式完全相同。

波：我同意。

苏：假如我们都同意这一点，那么受到惩罚的人是主动的施事者还是被动的受事者呢？

波：必然是被动的受事者。

苏：对应于该受事者，是否有一个主动的施事者？

波：肯定有。是惩罚者在实施该事情。

苏：那么正确实施惩罚的人是否会公正地惩罚他人？

波：是的。

苏：那么惩罚者的行动是公正的还是不公正的？

波：公正的。

苏：在这种情况下，被罚者所遭受的行动，也就是处罚，就是公正的?

波：显然如此。

苏：我想我们都同意，公正的事情是令人羡慕的，是不是?

波：很对。

苏：所以，施事者所做的惩罚是令人羡慕的事情，而受事者所遭受的处罚也是令人羡慕的。

波：是的。

苏：如果它是令人羡慕的，那么它就是善的，因为它要么会带来欢乐，要么是善的?

波：必然如此。

苏：所以，被罚者由于接受了公正的处罚，他自己也就得到了好与善，是不是?

波：显然如此。

苏：那么，他得到了好处?

波：是的。

苏：在我看来，如果他接受公正的惩罚，那么这会有助于使得他的灵魂变得更好、更善，是不是?

波：很可能。

苏：因此，一个接受惩罚的人摆脱了他灵魂中某些坏与恶的东西，是不是？

波：是的。

做不公正的事情
且不接受惩罚是最坏的？

苏：他所摆脱的东西是不是最恶的东西？你这么想：为了提高一个人的经济水平，你是否能找到比贫穷更坏的因素？

波：找不到了，贫穷就是最没用的、最坏的。

苏：那么为了实现人们健康的各种因素呢？你会说，其中坏与恶的因素包括了体弱、多病、丑陋，以及其他类似的东西，是不是？

波：我会的。

苏：那么在灵魂之中呢，你是否认为也存在着败坏灵魂的因素呢？

波：当然存在。

苏：这些因素就是不公正、无知、怯懦，以及类似的东西，是不是？

波：肯定的。

苏：对应于一个人的经济、健康和灵魂，你是否认为有相应的败坏状态，也就是贫穷、疾病和不公正？

波：是的。

苏：在这三种败坏状态中，你觉得哪一种是最可耻的？是不是不公正，那种在灵魂中的败坏状态？

波：确实是最可耻的。

苏：如果它是最可耻的，那么这是否是最恶的呢？

波：苏格拉底，你在说什么？

苏：我想说，从我们之前都认可的观点可以得到：最可耻的事情之所以是最可耻的，其原因要么是它带来了最大的痛苦，要么是它最坏、最恶，要么是两者皆有。

波：很对。

苏：我们已经同意，最可耻的东西就是不公正，也就是灵魂中的败坏状态，是不是？而它之所以是最可耻的，其原因要么是它带来了最多的痛苦，要么是它带来了最大的坏处，要么就是两者皆有，是不是？

波：必然如此。

苏：你是否认为，不公正、不接受惩罚、怯懦或无知比贫穷和生病更痛苦？

波：苏格拉底，根据我们之前所说的东西，我并不同意。

苏：根据你的看法，灵魂的败坏之所以是最可耻的，既然并不在于它带来了最多的痛苦，那么它必然带来了最多的坏处，而且远比其他因素更坏，是不是？

波：显然如此。

苏：但是在我看来，要是一个东西在实现它的目的上带来了最多的坏处，那么它肯定是世间最恶的东西。

波：是的。

苏：因此，不公正、不接受惩罚以及灵魂败坏的其他各种形式都是世间最恶的东西。

波：显然如此。

如果僭主行恶且逃避惩罚，那么他的生命就是最悲惨的？

苏：现在，能够摆脱贫穷的技艺是什么？是不是赚钱的技艺？

波：是的。

苏：那么使我们摆脱疾病的技艺是什么呢？是不是医术？

波：必然如此。

苏：那么使我们摆脱灵魂败坏和不公正的技艺是什么呢？要是你现在还弄不清楚，请这么考虑：如果有人在身体上生病了，我们会把他带到哪里去？让谁帮他治病呢？

波：苏格拉底，带到医生那里。

苏：那么，我们要把那些不公正做事和不接受惩罚的人带到哪里去呢？

波：你是说法官那里吗？

苏：是的，我们之所以把他们带到法庭，是为了让他们接受惩罚，是不是？

波：是的。

苏：这种惩罚就是在实施一种公正，就是由能够正确处罚的人去处罚他们，是不是？

波：确实如此。

苏：那么，是赚钱的技艺让人摆脱贫穷，医术让人摆脱疾病，而公正的技艺让人摆脱不公正。

波：显然如此。

苏：那么，在这三种技艺中，哪一个是最令人羡慕的呢？

波：苏格拉底，目前看来是公正的技艺。

苏：如果说公正的技艺是最令人羡慕的，那是因为：要么是它提供了最强烈的欢乐，要么是它对实现目的最有好处，要么两者皆有，是不是？

波：是的。

苏：接受医生的治疗是否会令人欢乐？那些接受治疗的人会在其中享受到满足感吗？

波：我并不这么觉得。

苏：但这对患者有好处，是不是？

波：是的。

苏：因为他们摆脱了一个极恶的东西，也就是说，为了使得身体健康，即便他们忍受痛苦，也是值得的。

波：当然了。

苏：对于一个人的身体而言，他在哪种情况下是更幸福的——是他会得病但也会得到治疗，还是说他从来就不会得病？

波：显然是他从来不会得病的情况。

苏：因此看起来，幸福并不是摆脱某种恶的东西，而是永远都不沾恶的东西。

波：是这样。

苏：很好。我们现在来看这么两个人，他们的身体或者灵魂上都有恶的东西，其中一个人接受治疗，因此摆脱了这些恶，而另一个人则没有接受治疗，因而身上或者灵魂中还有这些恶。这两个人谁更可怜一些？

波：在我看来，那个没有接受治疗的人更可怜。

苏：现在，如果一个人接受惩罚，他是不是就摆脱了这些恶，也就是灵魂的败坏之处？

波：是的。

苏：在我看来，这是因为法庭上的公正处罚改造了他们，也让他们变得更加公正，而该处罚则被当作一种治疗灵魂败坏的灵药。

波：是的。

苏：因此，既然灵魂的败坏被视作是最恶的东西，那么最幸福的人就是那些灵魂中没有败坏之处的人。

波：显然。

苏：而第二等幸福的人就是那种灵魂中有恶的东西，但是得到治疗，并摆脱恶的人。

波：显然如此。

苏：这就是那被训斥和鞭挞的人，也就是接受惩罚的人。

波：是的。

苏：而那个灵魂已被败坏，并且没有接受治疗的人，他的生命就是最糟糕的、最坏的。

波：显然如此。

苏：要是有些人犯下了最严重的罪行，动用了最不公正的手段，最终成功逃避了被责备、被教导和接受惩罚的命运，例如你所说的阿齐拉一世，以及其他的僭主、修辞学家和不受约束的君主，那么他的生命是否属于这种最糟糕的情况呢？

波：看起来似乎如此。

苏：是的，我的好朋友。我觉得这些人所做的事情和那些患病而不接受治疗的人一样。尽管他们身患绝症，但是他们却不愿接受医生对他身体上的疾病所实施的处罚，不愿意接受治疗。他们就像孩子似的，害怕对伤口进行烧灼，或者手术，因为这些行为会给他们带来痛苦。你是不是也这么认为？

波：是的。

苏：看起来，这是因为他并不知道什么因素会带来健康的身体状态。波卢斯你看，根据我们之前所赞同的观点，那些不愿意接受应有惩罚的人也很可能在做着同样的事情。他们只看到了受到惩罚所带来的痛苦,但是却无视它的好处;他们或许知道身体处于不健康的状态是很悲惨的,但是他们却并不知道,当灵魂处于不健康的状态,被不公正和不虔诚所腐蚀时,这样活着会比身体不健康而活着更加悲惨。

因此他们想方设法逃避惩罚、摆脱最痛苦的事情。为此,他们搜刮金钱、结交朋友,练习最能说服他人的修辞学。波卢斯,如果我们已认可的观点是正确的,那么你认为我们论证会有怎样的后果?还是说你想让我们一起来推算这些后果?

波:如果你不介意的话,你来说吧。

苏:结论会不会是:不公正和做不公正的事情是最恶的东西?

波:显然如此。

苏:另外,似乎接受惩罚则能帮助我们摆脱这个恶,是不是?

波:看起来是这样。

苏:而不接受应有的惩罚则会使恶留存在我们身上。

波:是的。

苏:所以,做不公正的事情是第二恶的事情。做不公正的事情，并且不接受惩罚才是所有恶中最恶的事情。

波：似乎如此。

苏：我的朋友，这不就是我们所争论的东西吗？你觉得阿奇拉一世是幸福的，尽管他犯下最严重的罪行，但他却是幸福的，因为他不用接受惩罚；但是，我却持相反的观点，我觉得不管谁做了错事但却不接受相应的惩罚，不管他是阿齐拉一世还是其他人，都不仅是最悲惨的，而且理应是最悲惨的。主动实施不公正事情的人总是比被动遭受这件事情的人更加悲惨，而做了不公正的事情且不接受惩罚的人总是比做此事且接受惩罚的人更加悲惨。这是不是我之前所说的东西？

波：是的。

苏：我们是不是已经证明这些观点是正确的？

波：显然如此。

修辞学如何给人们带来好处，成为巨大的权力？

苏：很好，波卢斯。如果这些观点是正确的，那么修辞学有什么伟大的作用呢？因为根据我们所赞同的观点，一个人必须时刻警惕，不要做不公正的事情，因为他知道，行恶会败坏他的灵魂，使他的灵魂变恶。是不是？

波：是的。

苏：如果他对自己或者他所关心的人，做了不公正的事情，他必须自愿且立即去法院，因为他能于此最快地接受惩罚，就像有病就立即去看医生一样，他十分担心这种不公正的疾病会被耽搁，从而导致他的灵魂病入膏肓，无可救药。波卢斯，你是否赞同？

波：肯定赞同，苏格拉底，而且只能持这个观点。

苏：因此，波卢斯，如果修辞学是为不公正开脱，不管是他个人所做的不公正事情，还是他的亲戚、朋友、孩子，甚至他的人民所做的不公正的事情，那么这样的修辞学对我们而言就是没用的、没有好处的。

除非有人将修辞学用于相反的目的，即不是开脱罪责而是主动承担罪责：他应当首先控诉他自己，然后轮到他的家庭成员，以及他的朋友，只要他自己或者他们曾经做过不公正的事情。除此之外，他不应当隐瞒他所做的错事，而应当将其揭露出来，从而使他能接受惩罚，并使灵魂变得健康。

然后，他还要逼迫着自己和他人不要胆小怯懦，而是咬紧牙关，就像闭着眼但勇敢地让医生用手术来切割或灼烧的病人一样，以此来追逐善和其他令人羡慕的东西，而不去考虑痛苦。如果他不公正的行为理应受到惩罚，他就应当接受鞭笞；如果他理应被监禁，那么就接受监禁；如果理应被罚款，那么就支付；如果理应被驱逐，那么就被驱逐；当然了，如果理应对其执行死刑，那么就接受死刑。

他应当是自己的第一个指控者，也应当是其家庭成员的第一个指控者，并且运用他的修辞学来揭露他们不公正的行为，由此才能使他们摆脱最恶的事物，也就是不公正。波卢斯，我们是否承认这些？

波：是的，确实如此。

苏：相反地，设想我们的义务就是去伤害他人，使得他人变坏、变恶，不管这个他人是敌人还是其他人（假设该敌人的恶行并没有违背他的意愿，因为以下的操作不适用于这种情况），那么修辞学应该怎样做呢？

设想我们的敌人已经伤害了其他人，那么我们必须在一言一行上都竭尽全力，使其避免被惩罚或者被送往法庭。要是他已经被送往法庭，那么我们必须想出法子，使我们的敌人逃跑而不被惩罚。要是他抢了很多黄金并全身而退，那么他也不应当将黄金退给我们，而是要让他自己把金子留下，并且不公正且不虔诚地将其花在自己身上或者自己的家人身上。要是他犯下的罪行足以被判处死刑,他也不应当死去;如果可能的话,他最好永远都不要死去,而以罪恶的样子永远地活下去;要是他不能永生,那么他在这种罪恶的状态下,活得越久越好。

波卢斯,在我看来,修辞学的用处就是完成这些任务。但是对于并不愿意作恶的人而言,我觉得即便修辞学真的有用,它的用处也不大,因为在我们之前的论证中,我们根本找不到它的用处。

第三章和第四章：波卢斯与苏格拉底

在高尔吉亚被驳斥得哑口无言之后，波卢斯站了出来。波卢斯也认为修辞学是令人羡慕的，因为熟练掌握修辞学的僭主是令人羡慕的。但是苏格拉底却对此提出质疑，并认为僭主是极其卑贱的，根本不值一提，更别提值得羡慕了。

波卢斯认为掌握了修辞学的僭主能用巧言善辩的方式来操纵人性，在城邦中随心所欲地做任何自己喜欢的事情，并且不会受到惩罚，所以这种生活方式是好的、善的，令人羡慕的。

首先，苏格拉底认为修辞学完全不关心对身体和灵魂最好、最善的东西，而只是通过感官上的享乐来诱惑那些粗心大意的愚蠢者，并将其圈住，使这些人相信谄媚才是最值得追求的。因此，在苏格拉底看来，那些掌握修辞学的人无法使人的身体或灵魂变得真正健康，而只是徒有其表，但是这些人却吹嘘修辞学能给人带来好与善，所以苏格拉底认为这些人是卑贱的。

其次，苏格拉底认为当拥有权力的僭主处死另一个人、将其驱逐出境或者没收他的财产的时候，他必定觉得这件事对他而言是好的、善的。但是僭主所做的这些事情却会受到更严重的惩罚，所以在实际上对他却更坏、更恶。因此，在苏格拉底看来，即便拥有权力的人做了在他看来是最好、最善的事情，但是由于他是缺乏理性和知识的，这件事情在实际上却是坏的、恶的，所以这样的僭主是可怜和悲惨的。

最后，在第四章中，苏格拉底认为即便一个僭主能随心所欲地做他自己喜欢的事情，并且不会受到惩罚，他的生活也是悲惨的，而且是最悲惨的。一方面，僭主在做出处死他人等不公正事情的时候，他的灵魂就被败坏了，而这是最可耻的。另一方面，当僭主的灵魂得了不公正的疾病，并且拒绝接受来自法庭的公正处罚，也就是拒绝了治疗灵魂败坏的灵药。因此，在苏格拉底看来，不管谁做了错事但却未接受相应的惩罚，他不仅是最悲惨的，而且他也理应是最悲惨的。

第五章　自然本性上的公正

**公正的事情不过是
更好的人统治更坏的人?**

卡利克勒斯：苏格拉底，我觉得你的讲演是哗众取宠，似乎你才是真正的煽动者。你之所以这么说，是因为波卢斯也陷入了高尔吉亚所处的困境，尽管之前他认为你使高尔吉亚陷入了困境，但现在他所陷入的困境一如高尔吉亚。

根据波卢斯的说法，当你问高尔吉亚设想有个对公正一无所知，但愿意跟从高尔吉亚学习修辞学的人，当此人来到高尔吉亚跟前，那么高尔吉亚是否会教授他时，你使高尔吉亚陷入了自相矛盾。一方面，高尔吉亚面露难色地答道"我会教授"，因为根据人类对此事的习惯——"要是此人被回绝了，他会变得恼怒"，所以高尔吉亚不得不如此回答；但是，另一方面，正是由于这个答复，高尔吉亚便被迫陷入自相矛盾，而这恰好使得你极其高兴。在我看来，当波卢斯嘲笑你才是矛盾的罪魁祸首时，我觉得他是正确的。

但现在，波卢斯也被你绕进了相同的困境。我对波卢斯的做法并不满意，因为他向你做了妥协，也就是说，他被迫承认了"主动做不公正的事情比被动遭受更可耻"。正是因为他接受了这个观点，他被迫接受你的论证；而另一方面，他由于羞愧却不敢说出他的真实想法，就只能闭口不谈。

苏格拉底，正是你把我们的讨论变成了取悦大众的粗俗讲演。尽管你声称所追求的是"令人羡慕的"真理，但实际上你所追求的并不是人的自然本性所羡慕的东西，而只是律法、习俗所羡慕的东西。而大多数时候，自然本性和律法所羡慕的东西是截然相反的。因此，如果波卢斯由于羞愧而不敢说出他的真实想法，那么他就被迫陷入自相矛盾了。

你所谓的聪明把戏，你用来损坏论证的工具正是这样的：如果某人用律法来立论，那么你会狡猾地用自然本性来询问他；反过来，如果他用自然本性来立论，那么你会用律法来询问他。举例来说，在当前关于主动做不公正的事情与被动遭受之间的选择，你就是这么做的。当波卢斯说"根据律法而言，主动做更可耻"的时候，你将其理解为"根据自然本性而言，主动做更可耻"。根据自然本性而言，所有更恶的东西也都是更加可耻的，例如遭受不公正的待遇就是更恶、更可耻的；但是主动做不公正的事情，只有在律法的标准下，才是更加可耻的。

实际上，没有人愿意遭受不公正的待遇。只有贫穷的奴隶愿意这么做，但那也是因为对他而言，死去比活着更好。之所以这么说是因为当人们不公正地虐待他时，他既无法保护自己，也无法保护他所关心的任何人。

我相信制定我们律法的人就是那群数量上占大多数的弱者。他们制定律法，奖励某些行为而惩罚另一些行为，其目的就是为了自己和该群体的利益。为了防止那些体格强壮的人得到优势，为了阻止强者们胜过自己，他们就告诉强者"这种优势是可耻和不公正的"，而不公正的行为就正是"这种为胜过他人而做出的各种努力和尝试"。如果制定律法的人都是弱者，那么他们很乐意看到每个人都是平等的。这就解释了为什么根据律法而言，想方设法胜过大多数的人是不公正和可耻的，也解释了为什么人们会视之为不公正的。

但在我看来，自然（本性）自身则表明：公正的事情就是让更好的人比更坏的人更有优势，让更有能力的人胜过无能力的人。显然在很多情况下皆是如此，不仅在动物世界中是这样，在人类的城邦和种族中，亦是如此。公正的事情不过是"强者胜过弱者，以及强者统治弱者"。

当薛西斯侵略希腊时，他所依赖的公正是什么呢？当他的父亲侵略斯基泰时，他父亲所依赖的公正又是什么呢？或者从人们可能聊到的诸多事情中，随便找一个例子出来，看看他们所依赖的公正究竟是什么。我相信这些人之所以这么做，是因为他们服从了自然本性，也就是自然上的公正。是的，宙斯在上，他们服从的是自然的律法，而不是我们人类自己制定的律法。

我们试图改变我们之中最好的和体格最强壮的人，因此就像挑选幼狮一样，我们趁他们还年轻的时候就把这些强者挑出来，用咒语和巫术来迷惑他们，告诉他们"你必须和他人拥有相同的份额，只有这样，你才是令人羡慕和公正的"。

但我敢说，要是某人在本性上拥有充足的力量，他将摆脱我们所教会他的一切，粉碎这些枷锁，挣脱这一切。他将把我们的习俗、诡计、哄骗和所有违背自然本性的律法统统放在脚下，碾个稀碎。此时，我们的奴隶将会站起来，成为我们的主人，此刻自然（本性）的公正才会展露它的全部光芒。我觉得品达（Pindar）也会佐证我这种说法，他在那首歌中唱道：

律法是一切的王，

既是凡人的王，也是诸神的王。

然而，他接下来却又说：

公正地行事，

就是手握无上的权力，做最暴力的事情。

我凭什么这么说？

赫拉克勒斯的所作所为，得来全不费功夫。

品达大概是这么说的，具体细节我记不太清楚了。然而，他说赫拉克勒斯就这样牵走了革律翁的牛，他既没掏一毛钱，也未曾征得革律翁的同意，因为这就是自然本性上的公正，那些卑微者和弱者的牛或者其他的财产，都应该属于那些优越者和强者。

更好的人是
体格更强壮的人？

苏：请你现在重述你的观点。你和品达所谓的自然本性上的公正是什么？是优越者应该通过武力来夺取属于卑微者的东西，更好的人应该统治更坏的人，贵族应该比平民拥有更多的份额，是不是？你是还有补充，还是说我的记忆是正确的？

卡：这就是我刚才说的东西，并且我现在依然这么说。

苏：你所谓的"更好的人"和"优越者"是不是同一个人？我并没有理解你的意思。你所说的优越者是不是体格强壮的人？然后，你认为体格弱小的人必然要听从体格强壮的人的命令？正如你刚才所指出的那样，根据自然本性上的公正，大的城邦就应该攻打弱小的城邦似的？

你觉得这是正确的，是因为你认为"优越者、体格更强壮的人和更好的人是一回事"，因此更好的人就更优越，体格更强壮，还是说，你认为更好的人也可能是卑微者和体格弱小的人，而优越者也有可能是更坏、更恶的人，还是说，你干脆认为"更好"和"优越"的定义就是相同的？请你清楚地给出定义，告诉我优越者、更好的人和体格更强壮的人是相同的，还是不同的。

卡：那么我就清楚地告诉你，它们是相同的。

苏：现在依据自然本性，"诸多"比"一"更加优越，成员数量多的团体比数量少的团体更有力量，更强壮，是不是？我指的是那些制定律法来约束"一"的"诸多"，约束少数人的多数人，正如你自己刚才所说。

卡：是的。

苏：所以，多数人所制定的律法就是优越者所制定的律法。

卡：是的。

苏：这些律法是更好的律法，是不是？因为根据你的理论，优越的就是更好的。

卡：是的。

苏：因此根据自然本性，他们所颁布的律法就是"令人羡慕的"，是不是？因为颁布这些律法的人是优越者。

卡：我同意。

苏：那么正如你刚才所言，多数人的立场是：公正意味着每个人都拥有相同的份额，因此做不公正的事情比遭受它更可耻？是不是？你要小心回答，别一会儿也被别人当作由于羞愧而不敢说真话。多数人的立场是：公正是拥有相同的份额，而不是拥有超过他人的份额，以及主动做不公正的事情比被动遭受它更加可耻，是不是？

…………

卡：好吧，多数人确实这么认为。

苏：因此，主动做不公正的事情比遭受它更加可耻，以及拥有等同的份额是公正的，便不仅是出于律法，而且是出于自然本性了。

所以，当你说自然本性和律法是截然相反的时候，你说尽管我意识到了这一切，但是却故意把这两种用法混在一起，而把别人想说自然本性的地方理解为律法，而把他们想说律法的部分解释为自然本性的时候，你的这些说法并不正确，而且你反对我的理由也不正确。

更好的人是
比多数人更有智慧的人？

卡：你就不能停止说这些废话吗？苏格拉底，你在这个年纪还要咬文嚼字，你难道不羞愧吗？是不是一旦有人不小心说漏了嘴，你就要把这当作鸿运当头了？你是不是认为，当我说"更优越"的时候，我的意思并不是"更好"？难道我没有一直在告诉你，我所谓的"更好"和"更优越"是同一回事吗？还是说你认为，我的意思是：一些奴隶和恶棍聚在一起，这些或许体格更强壮，但除此之外一无是处的渣滓聚在一起，说了一些话，然后这些话就是律法了？

苏：很好，最有智慧的卡利克勒斯。你的意思是"更好"和"更优越"是同一回事？

卡：肯定的。

苏：好，我的朋友。对于你所谓的"更优越"究竟是什么意思，我自己已经猜了很久。因此，如果我总在重复这个问题，那是因为我想确定你的意思。我想，你并不认为二比一更好，或者你的奴隶比你更好，如果他们仅在体格上比你强壮。

你现在从头再告诉我一遍，既然你所谓的"更好"并不是身体更强壮，那么它是什么意思呢？还有啊，我的好朋友，请你在教授我的时候不要太严厉，否则我会弃你而去的。

卡：苏格拉底，你在讽刺我，是不是？

苏：卡利克勒斯，我对你就像是泽图斯（Zethus）对他的兄弟安菲翁（Amphion）一样，并没有讽刺你[①]。请你告诉我，你所谓的"更好"的人指的是谁。

卡：是那些更加优越的人。

苏：你是否发现，你只是在词语上兜圈子，但实际上却什么也没有解释？你能告知我们，你所谓的"更好的人"和"更优越者"指的是"更有智慧的人"，还是其他人？

卡：宙斯在上，你说的差不多就是我的意思。

苏：根据你的理论，一个有智慧的人会比数以万计的傻瓜所组成的集体更加优越，而且这一个人应当统治这多数人，后者也应当接受前者的统治；除此之外，前者还应比被统治的后者们拥有更多的份额。我并不想在这里咬文嚼字，但是在我看来，当你说一个人比数以万计的人还要优越的时候，

---

① 泽图斯和安菲翁是希腊神话中的双胞胎兄弟，他们共同创建了底比斯。这里苏格拉底把自己比作泽图斯，把卡里克勒斯比作安菲翁，由此说明他们之间亲如兄弟，不可能讽刺他。

你想表达的就是这个意思,是不是?

卡:这就是我的意思,因为这就是我所谓的自然本性上的公正:如果一个人更好,更有智慧,那么他不仅应该统治那些卑微的多数人,而且也应该胜过他们。

苏:就在这儿,停一下!我得再问你一次,你现在所说的又是什么意思?假设我们很多人被召集到同一个地方,就像我们大伙现在这样,虽然我们之中有各种类型的人,例如有些人强壮,有些人体弱,但是我们却拥有同样份额的食物和饮品。现在设想在我们之中,有一个医生,他在身体健康方面比其他人都更有知识,更有智慧,但同时他的体格虽然强于一些人,但又弱于另一些人。在这种情况下,由于他比我们在健康问题上更有智慧,他在这方面是否更好,更优越呢?

卡:肯定的。

苏:那么,由于他是更好的人,他是应当比我们其他人拥有更多份额的食物和饮品呢,还是说,作为统治者,他只应该分配各种东西,但是如果他不想被惩罚,那么他自己就不能将大部分的食物和饮品用于他自己,因而只能是居中的情况,即比一些人多些份额,但又比另一些人少些份额,还是说,即便他碰巧是所有人中体格最弱的,这最好的人也不应该仅得到最小的份额?卡利克勒斯,我的好朋友,难道不是这样吗？

卡：你一直在说食物、饮品、医生这些废话。但是我想说的另有他物！

苏：你是不是认为更有智慧的人就是更好的人？

卡：是的。

苏：但是，难道更好的不应该拥有更大的份额吗？

卡：是的，但这不应该是食物和饮品的份额。

苏：我明白了。那或许是衣物的份额？最有能力的纺织工是否应当拥有最大份额的衣物？另外，在出门的时候，他不仅要穿最漂亮的衣物，而且要穿最多种类最漂亮的衣物？

卡：这和衣物有什么关系？

苏：好，那么就是鞋子喽。在鞋子这个领域，显然最有智慧、最好的人应该有一些优势。或许鞋匠应该穿着最大的鞋子，穿着最多数量的鞋子到处溜达。

卡：这和鞋子有什么关系？你总在说这些废话！

苏：你认为那些更优越者和更有智慧的人有权拥有更多的份额，那么你来告诉我，这些东西究竟是什么？还是说，你既不满意我的回答，也不愿意自己给出一个答案？

**更好的人是
在城邦事宜上
拥有智慧和勇气的人？**

卡：我之前一直在给出自己的答案呀。首先，我所谓的"更优越者"并不是鞋匠或者厨师，而是那些在城邦事宜上，以及在如何恰当地管理城邦事宜上有智慧的人；他们不但拥有智慧，而且具有勇气，也就是尽可能地去实现他们的目的，因为他们的灵魂中没有软弱，也不会畏畏缩缩。

苏：卓越的卡利克勒斯，你是否发觉，你指责我的理由不同于我指责你的理由？因为你声称我总在重复同一件事情，然后由此而指责我；与你相反，我则觉得你关于同一个主题所说的东西从不相同。前一刻，你把更好和更优越定义为体格更强壮，后一刻，则把它们定义为更有智慧，现在，你又弄出来了一个新的定义：你所谓的更好和更优越指的竟然是"更有勇气的人"。

不要这样了，我的好朋友，你最好一劳永逸地告诉我，你所谓的更好和优越者指的是谁，以及他们处于哪个领域。

卡：我已经告诉你了：就是那些在城邦事宜上拥有智慧和勇气的人。正是这些人应该统治我们的城邦，而公正也就意味着：统治者应当比被统治者拥有更多的份额。

苏：但是我的好朋友，统治者怎么能比自己还拥有更多的份额呢？

卡：你什么意思？

苏：我的意思是：每个人都是自己的统治者；还是说，这些统治者根本没有必要统治自己，而只用去统治他人？

卡：一个人统治自己？你什么意思？

苏：这并不复杂。我所说的"统治自己"就是大部分人所理解的意思：那自律和自己控制自己的人，他统治着自己内在的欢乐和欲望。

**更好的人是
能最大程度放纵和
满足欲望的人？**

卡：你可真有趣！原来你所谓的"自律的人"就是那些"愚蠢的人"！

苏：为什么呢？我可没有这么说，所有人都可以为我作证。

卡：苏格拉底，你肯定就是这个意思，因为当一个人被奴役时，他又怎么可能是幸福的呢？现在我就要诚实地告诉你：在自然本性上公正的人，也就是那些活得正确的人，他们应当尽可能地放纵自己的欲望，而不去限制和约束欲望。

除此之外，当欲望抵达到顶峰之时，他们应当有能力通过自己的勇气和理性服务于这些欲望，并用它所渴望的东西来满足每一种欲望。

但是在我看来，那大多数愚蠢的人不可能做到这一点。当他们遇到能满足自己欲望的更好的人的时候，他们会用"可耻"来谴责这些人，从而掩饰自己的无能。同样地，他们也擅长于告知这些人"没有节制的人是可耻的"，正如我之前所言，从而奴役了更好的人类。由于他们自己既缺乏满足自己欲望的能力，又缺乏足够的勇气来承认自己的无能，他们便不得不称赞自律和公平。

对于那些一出生就注定是王子，或者那些自己有充足能力使自己成为权威、僭主或者拥有绝对权力的君主的人而言，有什么东西会比自律和公平更可耻、更坏呢？当他们发觉他们可以自由地享受好的事物，而不受任何限制之时，让他们听命于律法，服从于大多数人的意见和批评，则无异于让他们强迫自己成为奴隶。还是说，即便当他们统治自己的城邦时，他们也得按照公正和节制行事，无法给自己的朋友好处，也无法让他们得到比敌人更多的份额。这样的命运怎么可能不悲惨呢？

不，苏格拉底，对于你所追求的公正，真相是这样的：

如果一个人拥有足够的能力来实现他想要的自由和无节制的欲望，那么这就是美德和幸福；至于其他的东西，那些违背人类的自然本性的东西，都是一文不值的废话！

苏：……现在告诉我，你是不是在说，如果一个人要成为他本应成为的样子，那么他不应该限制自己的欲望，相反，他应该尽可能地放纵自己的欲望，然后借助某些资源或者其他东西来满足这些欲望，而这就是公正？

卡：是的，我就是这个意思。

第六章　能够满足自己欲望的人是否是幸福的人？

**放纵的生活
比自律的生活
更加幸福？**

苏：所以，要是我们认为"一无所求的人才是幸福的"，我们就弄错了？

卡：是的，因为如果那样的话，石头和死人应该是最幸福的。

苏：好的。但根据你的说法，生活就很奇怪了，因为我得告诉你，我一直坚信欧里庇得斯的这些话是正确的：

但是谁会知道活着就不是死亡

或死亡就不是活着？

或许，实际上我们都是死人。其实我曾经听某个智者说，我们现在都是死人，我们的身体就是我们的坟墓，而我们灵魂中的欲望，则很容易被语言过度说服而反复无常。因此，一个聪明人，好像是西西里人，也可能是意大利人，便编了一个故事。在故事里，他将灵魂的这一部分描绘为一个罐子，因为它易被影响和说服，并称那些傻瓜为无知的人。他将这些无知者的灵魂中欲望的那部分，也就是放纵和未被密封的部分，称为有漏洞的罐子，因为它永不满足。

卡利克勒斯，此人采取了与你截然相反的立场。他向我们展示了：那些在地狱的人，那些我们看不见的人，也就是那些无知的傻瓜，将会是最悲惨的，因为他们会用有漏洞的漏勺盛水，然后倒入一个有漏洞的罐子里。他还说，他所谓的勺子就是灵魂，而他之所以把那些愚蠢者的灵魂称作漏勺，是因为他们什么也不信，什么也记不住，从而什么也留不下来。

确实，我承认所有这一切都很古怪，甚至接近荒谬，但是它却阐明了我试图使你明白的东西。如果你真的明白了这些东西，那么它会促使你做出改变：它会使你放弃贪婪和放纵的生活，转而选择那种自律的生活，那种对它所拥有的一切都感到满足的生活。我是否说服你了？你是否由此而改变你的立场，从而认为那些自律的人比那些放纵、不受约束的人更加幸福？

卡：苏格拉底，我并未改变我的想法。

苏：那么，让我再告诉你一个寓言故事，它与上一个故事都来自同一个学派。你看，自律和放纵的生活是否能分别这么描述：设想有两个人，他们每个人都有很多罐子。其中一个人的罐子很结实，而且装得满满的，第一罐是酒，第二罐是蜂蜜，第三罐是牛奶，而其他的罐子则分别装满了其他的东西。除此之外，这些东西不仅来源稀少，而且很难获得，甚至你只有费尽周折，克服众多困难才能得到它们。当第一个人灌满他的罐子之后，他既不往里面再加东西，也不再考虑它，而是对这些成果感到安心。

而另一个人的情况则大不相同：他也可以搜罗到这些资源，尽管得到的过程会比较困难。但不同于前者，他的罐子不仅有漏洞，而且都腐烂了，因此他不得不强迫自己不分昼夜，且马不停蹄地往罐子里加东西，否则他将遭受极度的痛苦。

如果该故事里的这两种情况就是这两种生活方式的本质，你是否认为，放纵的生活会比自律的生活更加幸福？当我在讲述这个故事时，我是否做到使你承认有秩序的生活比放纵的生活更好？

卡：苏格拉底，你并未做到，因为第一个人再也感受不到任何的欢乐，实际上，这就是我刚才所说的像石头一般的生活，在他加满罐子之后，他既感觉不到任何的欢乐，也感觉不到任何的痛苦。但是，幸福的秘诀就在于尽可能多地往罐子里倒东西。

苏：好的。但是你倒的越多，流出去的不也越多吗？而且，流出去的越多，罐子上的漏洞不就越大吗？

卡：必然如此。

苏：这样的话，你说的不是死人或者石头的生活，而是石鹬的生活呀。

某些人最大程度地
放纵和满足自己的某些欲望，
却并不幸福？

苏：你来告诉我，你所谓的幸福生活是否类似于：当饥饿的时候，饥饿和吃东西的感觉？

卡：是的。

苏：当人口渴时，口渴和喝水的感觉？

卡：以及其他的各种欲望，如果人们能满足它们，那么由此而来的满足感就使人过上了幸福生活。

苏：我的好朋友，很好！请以你刚开始的方式继续说下去，而且千万不要由此而羞愧。看起来，我也不能因羞愧而退缩。首先，设想有个人身上痒，而且想去挠，并且他可以自由地挠。你来告诉我，要是他能不停地挠,就这样挠一辈子，这个人的生活是不是幸福的？

卡：苏格拉底，你这例子可真是不合时宜，而且你这就是为了迎合大众，煽动民心。

苏：当然了，我就是这样搅乱了波卢斯和高尔吉亚，从而使他们感到羞愧。但是我知道，你肯定不会由此而心烦意乱、或者感到羞愧吧，毕竟你是一个拥有勇气的人。来吧，来回答这个问题。

卡：在我看来，对于这个挠痒的人，他的生活将会是欢乐的。

苏：那么，如果生活是欢乐的，那么生活也是幸福的？

卡：肯定的。

苏：是只有在他挠自己头顶上的痒时，他才是幸福的，还是说，不局限于头顶上的痒？卡利克勒斯，如果有人问你："要是他挠额头呢？鼻子呢？以及其他依次向下的身体上的各个部位呢？"你会怎么回答呢？

假如他在这些情况下都是幸福的，那么娈童的生活就令人十分困惑了，他们的生活不是令人发指地可耻和悲惨吗？还是说，你竟然敢说只要他们的需求得到了满足，那么他们就是幸福的？

卡：苏格拉底，把这样的例子引入我们的讨论，你不觉得羞耻吗？

苏：我的好伙伴，究竟是我把它们引进来的，还是你呢？

不是你公然宣称那些满足了自己欲望而得到欢乐的人，不管他们采取了什么样的方式，也不管这欢乐究竟是好还是坏，他们都是幸福的吗？你现在来告诉我，你是认为欢乐和好与善是一回事，还是说有些欢乐并不是好的、善的？

卡：好吧，要是我说它们不是一回事，那么我的论证就不一致了。为了避免这种不一致，我得说欢乐和好与善是一回事。

苏：卡利克勒斯，你在破坏你之前的观点。要是你再故意说些你自己都不相信的话，那么你就不配和我一起探究这件事情的真相了。

卡：苏格拉底，为什么呢？你不是也在做相同的事情吗？

苏：如果我真的破坏了我的观点，那么我就和你犯了一样的错误。但是，我的好朋友，请你考虑一下这个观点：或许好与善并不仅仅是无限制的满足或欢乐，因为假如它是的话，那么我们将不得不承认，我之前所说的可耻的东西也是好的、善的，而且我们还得承认很多其他可耻的情况也是好的、善的。

卡：苏格拉底，那只是你的看法而已。

苏：卡利克勒斯，你真的认为这些事情都是好的、善的？

卡：是的。

人们不能同时拥有幸福和悲惨？

苏：你是否认为，幸福的人与悲惨的人处于截然相反的状况中？

卡：是的。

苏：现在，既然这些状况截然相反，那么相同的结论是否也可以应用在健康和疾病上？因为在我看来，一个人不可能同时既健康，又生病，也不可能既摆脱生病，又摆脱健康。

卡：你什么意思？

苏：你可以随便选择身体上的一个部位，然后考察它。我想，人的眼睛会得病，会得那种叫"眼炎"的疾病，对不对？

卡：是的。

苏：在这种情况下，这得病的眼睛就不能同时是健康的，对不对？

卡：确实，绝无可能。

苏：要是他摆脱了他的"眼炎"，你会怎么说呢？此时他是否也摆脱了他眼睛的健康状态呢？从而使得他既摆脱了眼疾，又摆脱了健康状态？

卡：不可能。

苏：我想，这之所以不可能，是因为这是一件令人诧异，并且无法理解的事情，是不是？

卡：是的。

苏：在我看来，这个人交替地得到和失去它们，得到疾病，然后失去疾病，或者失去健康，然后得到健康，是不是？

卡：是的。

苏：这能不能应用在体格上的强壮和虚弱呢？

卡：可以。

苏：那能不能应用到速度上的高与低呢？

卡：是的，可以应用。

苏：这能不能也应用到好与善、幸福的生活，以及和它们截然相反的事物，也就是坏与恶和悲惨的生活呢？也就是说，人们总是交替地拥有幸福和悲惨，也总是交替地摆脱悲惨和幸福？

卡：毫无疑问，是这样的。

人们既能同时拥有欢乐和痛苦，也能同时摆脱它们？

苏：所以，如果我们发现了一些东西，人们能同时摆脱和拥有它们，显然它们就不可能是好与坏，或者善与恶。你是否同意？你想好再回答我。

卡：我十分同意。

苏：现在来看一下我们之前所认可的观点。你是否说过一些关于饥饿的事情？你当时认为它是欢乐的，还是痛苦的？我说的是饥饿本身。

卡：我说过。我说它是痛苦的，但我也说过：当人饥饿的时候，吃东西是欢乐的。

苏：我明白了。但在所有情况下，饥饿自身都是痛苦的，是不是？

卡：是的。

苏：在所有情况下，口渴都是痛苦的，是不是？

卡：很是这么回事。

苏：我进一步问你：你是否承认"所有的缺乏、欲望都是痛苦的"？

卡：我承认。

苏：很好。但是你肯定认为，当人口渴的时候，喝水则是欢乐的？

卡：是的。

苏：在我看来，在这句话里的短语"当人口渴的时候"，代表的是"当人处于痛苦的时候"？

卡：是的。

苏：而喝水则弥补了这种缺乏，因此它是一种欢乐？

卡：是的。

苏：所以，你得说：当一个人喝水时，他得到了满足，感到了欢乐？

卡：是的。

苏：在他口渴的时候，是不是？

卡：是的。

苏：也就是说，当他处于痛苦的时候，是不是？

卡：是的。

苏：你是否察觉到这意味着什么？这是否意味着：当一个口渴的人在喝水时，他满足了自己，尽管他同时也处于痛苦之中？是不是？还是说，欢乐和痛苦并没有一起发生，它们没有同时发生在同一个地点，不管这地点是在灵魂中，还是在身体中？其实我不觉得地点会对结论造成任何影响。

你觉得它们是一起发生的，还是没有一起发生呢？

卡：一起发生的。

苏：你之前认为一个人不可能同时既幸福，又悲惨？

卡：是的。

苏：但是，你却认为一个处于痛苦中的人会同时感受到欢乐？

卡：显然。

苏：因此，欢乐不同于幸福，痛苦也不同于悲惨。因此我们可以发现：欢乐不同于好与善。

卡：苏格拉底，我不理解你的这些细微区分。

苏：你肯定能理解，卡利克勒斯，你现在只是在装无辜，假装不知道而已。让我们再往前推进点，这样你就会知道，你批评我的方式是多么地斤斤计较。当一个口渴的人喝到水的时候，他是否同时既摆脱了口渴，也摆脱了欢乐？

…………

卡：我允许你这么说。

苏：这也能应用在饥饿和其他事情上，人们能同时既摆脱欲望，也摆脱欢乐，是不是？

卡：是的。

苏：而且，人们也能同时既摆脱痛苦和欢乐，是不是？

卡：是的。

苏：但是如你之前所同意的，人们不能同时既拥有好与善，又拥有坏与恶。还是说，现在你不再这么看？

卡：我同意，但是这又怎么样呢？

苏：我的好朋友，我们得到的结论只能是：好与善不同于欢乐，而坏与恶也不同于痛苦，因为欢乐和痛苦能同时停止，而善与恶却不能同时停止，这是由于善与恶差别明显。那么，你又怎么可能认为欢乐的东西和好与善的东西是一回事，痛苦的东西就是坏与恶的东西呢？

**愚者和懦夫这样
更坏的人
具有更多的好与善？**

苏：如果你喜欢的话，我们用另一种方式来考察这个问题，因为我相信，你听了该论证后，你就会同意此结论。

你看，你之所以称一个人是好人，是不是因为在他身上有一些好的东西，就像你称某人是漂亮的，那是因为漂亮呈现在他身上，是不是？

卡：是的。

苏：好，你会称愚蠢和怯懦的人为更好的人吗？根据你刚才的观点，更好的人可不是他们，而是那些勇敢且又智慧的人。还是说，你改变了观点？

卡：我可不会称愚蠢和怯懦的人为更好的人。

苏：好，那么你是否见过一个愚蠢的小孩满足自己或者正在享乐？

卡：我见过。

苏：你是否见过一个愚蠢的成人正在满足自己或者正在

享乐？

卡：我见过。但是，这又有什么用呢？

苏：什么用也没有。你回答我就行。

卡：是的，我见过。

苏：好。那么你见过一个有智慧的人遭遇痛苦或者享受欢乐吗？

卡：我见过。

苏：那么，他们谁感受到的痛苦或者欢乐更强烈呢？是愚蠢的人，还是有智慧的人？

卡：我不觉得他们之间有什么区别。

苏：好。你在战争里见过怯懦的人吗？

卡：我当然见过。

苏：那么，当敌人撤退时，你觉得谁会感到更强烈的欢乐，是懦夫还是勇敢的人？

卡：我觉得他们的满足感是等同的；或者说，即便不是这样，他们的满足感也大概相等。

苏：不管怎样，懦夫也有满足感，也有欢乐？

卡：是的。

苏：很显然，傻瓜也会感到欢乐？

卡：是的。

苏：而当敌人涌来时，是只有懦夫感受到了痛苦，还是说勇敢的人也感受到了痛苦？

卡：他们都感受到了。

苏：他们感受到的痛苦是同等大小的？

卡：或许懦夫感受到的更加强烈。

苏：那么当敌人撤退时，懦夫的欢乐是否更加强烈？

卡：或许吧。

苏：那么在你看来，对于傻瓜和有智慧的人，懦夫和勇者而言，他们所感受到的满足和痛苦大概相等，甚至懦夫所感受到的要比勇者更加强烈？

卡：我同意。

苏：但是，有智慧的人和勇敢的人肯定是更好的人，而懦夫和傻瓜则是更坏的人，是不是？

卡：是的。

苏：因此，更好的人和更坏的人所感受的满足和痛苦就是大概相等的，是不是？

卡：我同意。

苏：那么在好与善、坏与恶的方面，更好的人和更坏的人是否等同？而且后者所感受到的善与恶都更多、更强烈，是不是？

卡：宙斯在上，我不知道你在说什么。

苏：你之前认为好人之所以是好的，是因为他们身上有好的东西；而坏人之所以是坏的，是因为他们身上有坏的东西？而好的东西就是欢乐，坏的东西就是痛苦，是不是？

卡：是的。

苏：那么，对于得到满足、正在享乐的人而言，只要他们仍处于满足的状态中，我们肯定能在他们身上找到好的东西，也就是欢乐？

卡：肯定的。

苏：现在，那些感受到满足和欢乐的人之所以是更好的人，是不是因为好的东西呈现在他们身上？

卡：是的。

苏：好的，那么对于那些感受到痛苦的人而言，坏的东西，也就是痛苦也呈现在他们身上，是不是？

卡：是的。

苏：你也认为正是因为坏人身上有坏的东西，所以他们是更坏的人。还是说你现在不再这么认为了？

卡：我仍然这么觉得。

苏：所以不管是谁，只要他感受到满足和欢乐，那么他就是好人、善人；而只要他感受到痛苦，那么他就是坏人、恶人，是不是？

卡：当然了。

苏：你是说，那些感受到更强烈的满足感和欢乐的人就是更好的人，感受到更微弱欢乐的人就是不那么好的人，感受到等同大小满足的人就是同样好的人，相同的结论也能应用在痛苦和恶之间的关系，是不是？

卡：是的。

苏：现在，你认为有智慧的人和傻瓜、懦弱的人和勇者感受到的满足感和痛苦大概等同，而且懦弱的人感受到的满足和痛苦会更加强烈？

卡：是的。

苏：……我们说有智慧的人和勇者是更好的人，是不是？

卡：是的。

苏：我们说那些傻瓜和懦夫是更坏的人，是不是？

卡：是的。

苏：并且，感受到满足和欢乐的人是好的、善的，是不是？

卡：是的。

苏：而体验到痛苦的人则是坏的、恶的？

卡：必然如此。

苏：而更好的人与更坏的人所感受到的痛苦和欢乐是大

概等同的，或许更坏的人所感受到的痛苦和欢乐甚至更加强烈，是不是？

卡：是的。

苏：那么，这不就表明更好的人与更坏的人具有同等的好或善，也具有同等的坏或恶，甚至后者具有更多的好与善？那么根据欢乐就是好与善的假设，是不是就会得到这个结论？卡利克勒斯，是不是必然如此？

第五章和第六章：卡利克勒斯与苏格拉底

当波卢斯也被反驳地无话可说的时候，卡利克勒斯站了出来，他依然认为拥有权力的僭主是令人羡慕的。因为根据自然本性上的公正，强者就是更好的人，而弱者的财产则应该属于那些强者。苏格拉底试图指出卡利克勒斯对"公正"的理解是不一致的。因此，拥有权力的僭主依然不值得羡慕。

卡利克勒斯接受了自然本性上的公正，认为"公正的事情就是让更好的人比更坏的人更有优势，让更有能力的人胜过无能力的人"。但是卡利克勒斯却并不清楚"更好的人"具体指哪些人。更糟糕的是，当苏格拉底对"更好的人"给出建议时，卡利克勒斯却总是自相矛盾，因为他一方面赞同这个建议，另一方面却并不认为"让更好的人比更坏的人更有优势"是公正的。

苏格拉底给出的第一个建议是："更好的人"指体格上更强壮的人。尽管卡利克勒斯接受了多数人会比少数人更有力量，但是他并不认为，当体格健壮的奴隶和恶棍集合起来，这群人所说的话就是律法。

苏格拉底给出的第二个建议是："更好的人"指更有智慧的人。尽管卡利克勒斯接受了专家在各自的领域更有智慧，但是他却无法确定这些专家应该在哪些方面更有优势。

苏格拉底给出的第三个建议是："更好的人"指城邦事宜上拥有

智慧和勇气的人。尽管卡利克勒斯认为统治者应该比被统治者拥有更多的份额,但是每个人也都同时被自己所统治,所以自己,作为自己的统治者,并不比同为自己的被统治者拥有更多的份额,因此他又陷入了自相矛盾。

苏格拉底给出的第四个建议是:"更好的人"指能最大程度放纵和满足欲望的人。根据此建议,卡利克勒斯一方面认为"那些感受到更强烈的满足感和欢乐的人就是更好的人,感受到更微弱欢乐的人就是不那么好的人",但另一方面又认为"更好的人与更坏的人所感受到的痛苦和欢乐是大概等同的",因此,卡利克勒斯又陷入了自相矛盾。

因此,在苏格拉底给出的四个建议中,卡利克勒斯都无法一致地坚持自己对"公正"的理解,可见这种理解是有问题的。所以,拥有权力的僭主依然并不值得称赞。

第七章　修辞学如何使人变好、变善，得到幸福？

**我们所做的一切
都以好与善为目的？**

苏：你现在所说的欢乐（好与善）是不是身体上的欢乐，例如我们刚才所提及的从吃和喝中得到的欢乐？如果是的话，那么与吃喝相类似的，那些使得身体健康、强壮，或者使身体拥有其他优越之处的活动，就是好的、善的，而那些在身体上产生相反效果的活动则是坏的、恶的，是不是？

卡：对。

苏：类似地，有些痛苦是好的、善的，而另一些痛苦则是坏的、恶的，是不是？

卡：当然。

苏：所以，在我们所有的行动中，我们都应该选择那些好的、善的欢乐和痛苦，是不是？

卡：是的。

苏：而不应该选择那些坏的、恶的？

卡：显然如此。

苏：要是你还记得的话，我和波卢斯都认为，我们所做的一切都应该以好的、善的东西为目的。你是否也认为好与善是我们所有行动的目的，而且我们正是为了得到好与善才去做其他的行动，而不是相反，也就是说把好与善仅当作实现这些其他行动的工具？你是否赞同我们俩的观点？

卡：我赞同。

苏：所以我们是为了得到好与善，才实施了我们的行为，包括那些会给我们带来欢乐的行为，而不是相反，为了得到欢乐，我们才实施好与善的行为，是不是？

卡：很对。

苏：现在，要是让我们挑出来哪些欢乐是好的、善的，哪些是坏的、恶的。我们应该让谁去挑选呢？是让每个人自己做主，还是说在每种情况下都需要相关的行家来做主？

卡：行家来做主。

苏：让我们回忆一下，我之前跟波卢斯和高尔吉亚说了些什么。要是你还记得的话，我说过，有些领域仅关心欢乐，而且仅以获取欢乐为目的，它们完全忽略好与善、坏与恶，然而还有一些知道什么是好与善，坏与恶的领域。除此之外，我称仅关注欢乐的烹饪为因熟练之后所形成的技巧，而不是技艺，而称关注身体上好与坏的医学为技艺。

修辞学家是否能给人们带来好与善？

苏：该问题就是：哪一种生活方式会使我们幸福。具体来说有两个问题：第一，他究竟应该采取你所建议的生活方式，也就是勇敢地追求以下这些事情——在人群中讲演，训练修辞学，并以你们当代政客的做事方式参与到政治事宜中，还是选择哲学的生活；第二，是什么使得这两种生活不同。

…………

我们俩已经同意：首先，有一种东西是好的、善的，还有一种东西是欢乐的；其次，这两者是不同的；最后，为了得到这两种东西，存在着相应的实现过程或准备：一种是为得到好与善的过程或准备，另一种则是追逐欢乐的过程或准备。你先告诉我，你是同意这些观点，还是悬置判断？

卡：是的，我同意。

苏：请试着理解并同意我刚才所说的话，而且你考虑一下，你是否会同意我之前跟他们（波卢斯和高尔吉亚）所说的东西。我说：烹饪，在我看来，并不是一种技艺，而只是一种技巧；而医术则不同，它是一种技艺。

之后我不仅解释了医术既研究它的处理对象的本质，也就是人的本质，也研究该对象的一系列行为的原因，并且可以给每一种行为提供一些解释，而且我也解释了烹饪只是创造欢乐，并且它也只关注于创造欢乐，它既不考察欢乐的本质，也不研究欢乐的原因，也就是说，它的行事风格中没有一点技艺性的影子，因此它全然是非理性的。人们会说，烹饪完全不懂得分辨差异，它只是通过一种惯例和经验来保存一种记忆，但这种记忆却不可能有任何结果，而烹饪就是通过这样的方式来创造欢乐。

现在让我们来考察一下，首先，你是否觉得我的解释令人满意？

其次，在灵魂中是否也有类似的两种东西，一种是技艺，它思考的是：什么对灵魂最好、最善，而另一种则对此不以为意，几乎不考虑什么是最好的、最善的，相反，正如之前的烹饪那样，它只关注灵魂的欢乐，以及采用什么样的方式才能得到欢乐，却丝毫不考虑哪一种欢乐更好更善，哪一种更坏更恶，也不考虑除了欢乐之外的任何事物？卡利克勒斯，我觉得存在着仅考虑欢乐的东西，不管它是针对身体、灵魂，还是针对其他的事物，只要它仅仅追求欢乐，而不考察更好更善和更坏更恶，我个人将一律称之为谄媚。

至于你，你是同意我对这些事宜的观点，从而成为我们的一员，还是说你不同意？

卡：我同意。

…………

苏：让我们先看一下演奏长笛这件事。卡利克勒斯，你觉得它属于这一类吗？也就是那只关注于给我们创造欢乐，但是却丝毫不考虑其他事情的一类？

卡：我觉得它是。

苏：那么所有类似的行为也都是如此，是不是？比如，在宴会中演奏里拉琴。

卡：是的。

苏：那合唱训练和《酒神颂》的作曲呢？在你看来，它们是否显然也属于这一类？你觉得梅莱斯之子基内西亚斯（Cinesias）在说话的时候，他会考虑这些话语是否会提高他听众的道德水准吗？还是说他只会考虑它们是否更容易讨好观众，让他们满意？

卡：苏格拉底，很显然是后者，至少在基内西亚斯这里是这样的。

…………

苏：那么雄伟壮丽、令人敬畏的领域，也就是悲剧的创作又怎样呢？在你看来，创作悲剧的目的是为了使观众得到欢乐，还是说勇敢地避免说那些给他们带来坏与恶的事情（尽管这些事情可能会给观众带来欢乐和满足），而选择说一些、唱一些可能使他们不悦，但会给他们带来好与善的事情，而不管观众是否感到欢乐？在以上的这两种方式中，你觉得悲剧属于哪一种？

卡：苏格拉底，很显然它更接近给观众提供欢乐、使观众满意的方式。

苏：卡利克勒斯，我们刚才是否说过，这一类的东西是谄媚？

卡：是的，我们说了。

苏：要是一个人从诗歌中刨除旋律、节奏和韵律，那么剩下的部分是不是就只有话语了？

卡：必然如此。

苏：这些话语是向一大群人讲的，是不是？

卡：是的。

苏：所以诗歌是一种面向大众的说话方式。

卡：显然如此。

苏：那么诗歌这种面向大众的说话方式也必然使用修辞学吗？还是说你觉得，诗人在剧院里并没有使用修辞学？

卡：他们使用了修辞学。

苏：所以，现在我们发现了一种使用修辞学的演说，它面向由成年男子和女子、儿童、奴隶和自由人所组成的大众，但是，我们并不怎么喜欢它，因为我们认为它属于谄媚。

卡：确实。

苏：很好。那么面向雅典人民的修辞学呢？或者，面向由自由民所组成的城邦中的人民的修辞学呢？我们应该怎么看待这种修辞学？你是否认为这些修辞学家总是在考虑什么是最好的、最善的？他们是一心一意地想让人民通过他们的讲演而尽可能变得好、善，还是说他们像诗人一样，以满足民众的欲望为唯一目的，只是为了自己的一己私利，而忽略了能给大众带来好与善的东西，他们把人民当成小孩一样，只想着去讨好他们，却一点也不考虑他们会因此是变得更好更善，还是更坏更恶？

卡：这问题并不那么简单，因为有些人，他们确实关心大众，正如他们所宣称的那样，当然也有些人，就像你所说的那样，只是为了谋一己私利。

苏：对我而言，这就够了，因为如果修辞学家也分为两类，那么我认为其中一部分是谄媚，也就是面向公众的令人可耻的讲演；而另一部分则是令人羡慕的，也就是使人民的灵魂尽可能变好、变善的修辞学,他们勇敢而努力地向大众展示最好、最善的东西,而不去计较这是否会给听众带来更多的欢乐。

令人羡慕的修辞学家
应使灵魂变好、变善?

苏:但是,你肯定没见过这后一种的修辞学家吧,或者,如果你能说出一两个这样的修辞学家,为什么你不告诉我他究竟是谁呢?

卡:宙斯在上,我说不出来。我觉得我们当代的修辞学家中并没有这样的人。

苏:好,那从以前的修辞学家里,你能不能找出一个这样的人呢?在他讲演之前,雅典的人民较坏,然而在他公开讲演之后,人民却被认为变得更好更善了?我确实找不出这样的一个人来。

卡:什么?难道你不知道,塞米斯托克利斯被人们视作一个好人、善人吗?同样地,还有西蒙[①]、米提亚德,以及最

---

① 西蒙(公元前510—公元前450):古希腊雅典城邦的一位政治领袖,曾担任雅典将军,隶属于雅典亲斯巴达的保守派。由于他对斯巴达的亲近态度,而在公元前461年被雅典城内反斯巴达的激进民主派所驱逐出境。

近刚去世，并且你还听过他讲演的伯里克利，他们不都是这样的人吗？

苏：卡利克勒斯，要说他们使人民变得更好、更善，这是有条件的。如果说好与善就是尽可能地满足自己和其他人的欲望，那么或许他们是好人、善人。然而，如果说好与善并非如此，而是如后面的论证所示——对于欲望而言，如果满足某些欲望会使人民变得更好、更善，那么这些欲望就应该得到满足，但是，如果满足另一些欲望会使人民变得更坏、更恶，那么这些欲望就不应该得到满足——那么假设存在一种能够区分这两种欲望的技艺，我是不会承认你所提及的这几个人拥有这项技艺。

卡：但是，如果你仔细寻找，你总能找到掌握该技艺的修辞学家。

苏：让我们心平气和地检查一下，看看在这些人里，谁拥有这项技艺。对于一个以最好、最善为目的的好人、善人而言，当他说话的时候，他所说的话肯定不会是随意编排、毫无规律，而是根据某个对象来安排自己的话语。他就像其他领域的行家一样，仔细考虑自己的工作，选择应用的对象，但这种应用并不是随意、偶然的，而是试图使得应用之后的产物拥有一个确定的形式。

我们以画家为例，如果你愿意的话，你也可以用建筑工、造船者，以及其他随便你想到的行家为例。我们可以看到，他们每个人都依据某种秩序来安排每个部分，迫使任意两个部分之间相互适合，最终将所有的部分组合起来，形成一个有条理，且井然有序的整体。其他的行家，包括我们刚才所提及的那些人，也就是那些关心身体的体育教练和医生，他们无疑给身体带来了秩序。我们是否同意这些观点？

卡：就当我同意吧。

苏：如果一栋房子有条理、有秩序，那么它就是一栋好的、善的房子；相反，如果它失去了秩序，那么它就是一栋坏的、恶的房子，是不是？

卡：我同意。

苏：这种说法也适用于船只，是不是？

卡：是的。

苏：那么，我们肯定认为它也适用于我们的身体，是不是？

卡：是的。

苏：那么灵魂呢？如果灵魂失去了它的秩序，它是好的、善的吗？还是说，只有它拥有某种条理和秩序，它才是好的、善的？

卡：根据我们之前所说的，我们必须同意后者。

苏：当身体处于有条理和秩序的状态中，我们应当如何称呼它呢？

卡：你想说健康和强壮吧？

苏：是的。那么当灵魂处于有条理和秩序的状态中，我们应当称呼它什么呢？正如身体的例子，你试着找出一个名字，并告诉我吧。

卡：苏格拉底，你为什么不自己给个名字呢？

苏：好，如果你更愿意让我说，我就自己说。如果你觉得我给出的名字是正确的，你就同意；如果你觉得不正确，那么你一定要否决我，千万不要屈服。

在我看来，身体的有序状态被称作"健康性"，这种东西会使身体变得健康，并产生其他的优越品质。是不是？

卡：是的。

苏：而灵魂上的有条理和秩序状态，则被叫作"合法性"和"法则性"，这种状态使得人们变得遵守法律，井然有序，而这就是公正和自律。你同意吗？

卡：就当我同意吧。

苏：当掌握该技艺、有德行的修辞学家用他所说的话、所做的事情来影响民众的灵魂时，他所关注的就是灵魂的公正和自律。如果他应当给灵魂一些好的、善的东西，那么他就应当把公正和自律给灵魂；如果他应当从灵魂中拿走一些坏的、恶的东西，就拿走那些与之相反的东西。因此，这个修辞学家应该总在考虑这件事情，即如何通过他的技艺，才能使得公正出现在人民的灵魂之中，才能使得不公正从灵魂中消失，使人们变得自律而不再纵欲，使好与善产生于灵魂之中，而使坏与恶消失。你同意吗？

卡：我同意。

苏：卡利克勒斯，设想你向一个患病且身体状况糟糕的人提供了很多食物和饮料，甚至是最令人愉悦的食物和饮料，以及任意的其他东西，如果这种疗法并不会比截然相反的疗法带来更多的好处，甚至好处还会少于后者，你觉得这种疗法又有什么优势呢？

卡：没有优势。

苏：在我看来，当一个人的身体处于坏与恶的状态时，不管你怎么做，都不会给他的生活带来好的、善的东西，因为他的这种生活方式必然是坏的、恶的。还是说，并非如此？

卡：是这样的。

苏：因此，当一个人健康时，医生会允许他随意满足自己的欲望，比如，让他饿了就吃，渴了就喝，而且他想吃多少，想喝多少都没问题。但是，当他生病的时候，医生就不再允许他随意满足自己的欲望。你同意这个观点吧？

卡：我同意。

苏：我亲爱的朋友，这个结论是否也适用于灵魂？只要灵魂被败坏，例如当它变得愚蠢、不受约束、不公正或不虔敬的时候，我们必须克制自己的欲望，只允许它做那些会使之更好、更善的事情，而除此之外，什么事情也不能做。你同意吗？

卡：同意。

苏：因为，这无疑会使灵魂更好、更善？

卡：是的。

苏：那么让灵魂远离它的欲望对象，让它远离会使它不受约束的事情，也会使灵魂更好、更善？

卡：是的。

如何使得灵魂变好、变善，获得幸福的生活？

苏：那么，就让我从讨论最开始的地方讲起。

欢乐和好与善是同一种东西吗？正如卡利克勒斯和我所认为的，它们并不相同。

做令人欢乐的事情是为了好与善的东西,还是说,做好与善的事情是为了得到令人欢乐的东西?做令人欢乐的事情是为了好与善的东西。

如果令人欢乐的东西呈现在我们之中,那么我们便由此而感受到欢乐;而当好的、善的东西呈现在我们之中,我们也由此而变为好的、善的,是不是?当然如此。

当我们或其他事物是好与善的时候,这是因为我们之中出现了某些优越性。卡利克勒斯,我觉得必须如此。

如果要使得事物之中出现优越性,不管这事物是人造物、身体、灵魂,还是随便什么动物,那么最恰当的实现方式肯定不是随意的,而是由秩序和正确性决定的,并且我们每人都应该拥有这种技艺,对不对?好吧,我会这么说。

那么,一个事物的优越性就在于规律和有序的安排,是不是?至少我会这么说。

所以,如果事物中出现了对它而言适合的某种秩序,那么该秩序就会使此物成为好的、善的?是的。

所以,如果一个灵魂拥有对它而言合适的秩序,那么它就会比一个没有秩序的灵魂更好、更善?必然如此。

然后,如果一个灵魂拥有秩序,那么它自己就是一个有秩序的灵魂,是不是?肯定如此。

并且，一个有秩序的灵魂是自律的？肯定的。

因此，自律的灵魂就是好的、善的。

亲爱的卡利克勒斯，根据以上的观点，我自己只能得到这个结论。但是，如果你能得到不同的结论，请你教教我。

卡：请你继续。

苏：倘若一个自律的灵魂是好的、善的，那么，如果一个灵魂被与自律截然相反的特征所影响，该灵魂就是坏的、恶的。而这些与自律相反的特征就是：愚蠢和不受约束。是的。

一个有智慧的人会愿意做对诸神和人类而言都是恰当的事情，因为如果一个人做的事情是不恰当的，那么他就不会是有智慧的。事情必然是这样的。

并且，如果他所做的事情对人类而言是恰当的，那么这就是公正的；如果此事对诸神而言是恰当的，那么这就是虔敬的。除此之外，如果一个人做了公正且虔敬的事情，那么他必定是公正和虔敬的。是这样的。

不仅如此，他还必须是勇敢的，因为你知道，一个人之所以有智慧，懂得自律，并不是因为他追求和逃避了不恰当的事情，而是因为他追求了他应该追求的事情，也逃避了他应该逃避的事情，不管这是一件事情，一个人，是欢乐还是痛苦；并且，当他这么追求或逃避的时候，他会坚守于此，并忍受所有的痛苦。

因此，卡利克勒斯，事情必然会是这样的：由于一个自律的人是公正、勇敢且虔敬的，因此他是一个彻头彻尾的好人、善人，并且不管他做了什么事情，他的方式都是好的、善的，且令人羡慕。除此之外，此人还受到诸神的祝福，是欢乐的。

然而那个灵魂败坏的人，那个做了坏事、恶事的人，则是悲惨的。这个败坏的人，也就是你所称赞的那些不受约束的人，将会拥有与自律的人完全相反的特征。

这是我的观点，不仅如此，我还认为这才是真相。当然了，如果这些观点是真的，那么要是一个人想要获得幸福的生活，他就必须追求自律，训练自我约束，并且尽可能地远离不受约束的状态，最好使自己完全没有做坏事、恶事的欲望。但是，如果他确实有这种欲望，不管是他自己有，还是他的家庭成员有，不管是某一个公民有，还是整个城邦里的民众都有，只要他想获得幸福的生活，那么他就必须受到惩罚，使得自己变得自律。

在我看来，这就是每个人在其一生中都应追求的东西。他应当将他自己的力气和整个城邦的力量都集中在这件事情上，从而使得自己拥有正义和自律，使得自己被神所祝福。

不要放纵自己的欲望，也不要致力于满足这些无尽的欲望，因为这会招致无尽的坏与恶，这样活着会使你的生活变成强盗般的生活。这样的人既不会被他人亲近，也不会被诸神祝福，因为他不可能与任何人交流，而没有交流，就不可能有友情。

是的，我的好朋友卡利克勒斯，有智慧的人告诉我们，交流、友情、秩序性、自我约束和公正，使得天、地、诸神和人民紧密地联系在一起，这也解释了他们为何称整个世界为秩序，而不是混乱和无序。

尽管你在这些事宜上也算一个聪明人，在我看来，你也并没有充分注意到这些事实。你未能注意到在诸神和人类中有一种等同性，这种几何意义上的等同性具有巨大的力量。而你认为人们应当去训练那些能使自己得到更大份额的能力，去实现不平等，这只是因为你忽略了几何学。

第八章　幸福的生活

**拥有权力会败坏他的灵魂，
从而是最坏、最恶的？**

苏：如果事情果真如此，也就是说，如果主动做不公正的事情是坏且恶的事情，而且主动做且不接受惩罚比它更坏、更恶，那么，此人应采取怎样的解救措施，才能避免在事实上成为荒谬滑稽的人呢？

解救措施会让我们远离、避免那些最严重的伤害，是不是？试想，要是一个人提供了一些措施，但是该措施既不能解救他自己，也不能解救他的朋友和家人，那么该措施就肯定是最可耻的解救措施了。相反，假如这些解救措施使他们摆脱了最严重的伤害，那么这就是第一等的解救措施了。而第二等的解救措施可以使我们远离第二等严重的伤害，第三等的解救措施将我们从第三等的伤害中解救出来，依此类推。

根据事情自身坏与恶的程度，如果你的措施能使人摆脱这种坏与恶，那么事情越坏越恶，这些解救措施就越令人钦佩；反之，如果你的措施无法解救人们，那么事情越坏越恶，你的措施就越可耻。卡利克勒斯，事情就是这样的，还是说你有其他的看法？

卡：不，没有其他的看法了。

苏：对于主动做不公正的事情和被动遭受，我们说主动做更坏、更恶，而被动遭受则没有那么坏。因此，为了解救自己，让自己拥有相应的两种好处，一方面使自己不会主动做不公正的事情，而另一方面则使他不会遭受不公正的事情。他自己要怎么做呢？

是权力还是意愿？我的意思是：要让一个人避免遭受不公正的事情，他要做些什么事情才能实现这个目的呢？是仅仅不愿意、不希望遭受不公正的事情吗，还是说自己要拥有权力？

卡：答案显而易见：通过权力来实现。

苏：那么主动做不公正事情呢？他要做些什么才能避免此事呢？仅仅不愿意这么做就足够了吗？（毕竟，当他不愿意这么做的时候，他肯定不会这么做。）还是说，他还必须拥有某些权力和技艺，因为如果他没有得到这种学习和训练，他自认为的"公正的事情"在实际上仍可能是不公正的？

卡利克勒斯，请你务必回答这个问题。我和波卢斯根据之前的论证被迫得出结论：没有人会自愿作恶，如果有人作恶，那么他们必定违背了自己的意愿。现在你来判断一下，我们是否有资格得到这个结论？

卡：苏格拉底，就当你能得到它吧，因为只有这样你才能完成你的论证。

苏：那么，显而易见，为了不做不公正的事情，我们应当获得某种权力和技艺。

卡：是的。

苏：现在，这种技艺是什么呢？什么技艺能保证我们不会遭受不公正的事情，或者尽可能地少遭受？你考虑一下，看看你的观点是否与我相同。在我看来：他要么必须成为该城邦的统治者，要么成为一个僭主，实在不济，也要成为当权者的拥护者。

卡：苏格拉底，你看到了吗？每当你说了些正确的东西时，我是多么愿意为你鼓掌叫好？我觉得你的这个说法很恰当。

苏：那么接下来的这个观点呢？你是否觉得它也是正确的？在我看来，如果甲是乙最铁的朋友，那么正如古代贤者所说，甲就是最像乙的人。你同意吗？

卡：同意。

苏：设想一个僭主，他是个未开化的野蛮人，也没受过教育，如果在他的城邦里，有些人比他更好、更善，那么这个僭主肯定会害怕他们，并且永远也不会和他们成为肝胆相照的朋友，是不是？

卡：是这样的。

苏：至于那些远不如这个僭主的人，该僭主也不会和他们成为朋友。因为僭主会鄙视他们，而且永远不会真心地把他们当朋友。

卡：这也是对的。

苏：这就只剩下那种和僭主类似的人。对于他们而言，只要是僭主同意的，他们就同意，只要是僭主反对的，他们就反对，不仅如此，他们还愿意被僭主统治，服从他的统治。这种和僭主类似的人将在城邦中拥有巨大的权力，所有胆敢对他们做出不公正事情的人都不会有好果子吃，必定受到惩罚。是不是这样？

卡：是的。

苏：因此，如果该城邦中的年轻人开始思考"我要做些什么，才能拥有巨大的权力，才能不遭受不公正的事情"，显而易见，他就会选择这样的道路：从他年幼时期开始，他就要让自己习惯于喜欢他的主人所喜欢的东西，讨厌主人所讨厌的东西，并保证自己尽可能地与主人相像。是不是？

卡：是的。

苏：这样的人才能避免不公正的对待，并且在他的城邦中得到巨大的权力，是不是？

卡：肯定的。

苏：这样的人也不会主动做出不公正的行为，是不是？还是说，恰恰相反，因为他也会变得像那个不公正的统治者一样，他将会站在统治者那边来行使自己巨大的权力，做不公正的事情？在我看来，他会竭尽全力确保自己尽可能做不公正的事情，并且逃避由此而来的惩罚。是不是？

卡：显然如此。

苏：他对主人的模仿以及他所拥有的"权力"，不仅败坏而且破坏了他的灵魂，这对他而言不就是最坏、最恶的东西吗？

卡：苏格拉底，无论什么观点，你总能用一种奇怪的方式扭曲你的论证！你肯定知道，要是这个"模仿者"乐意的话，他会判处那些"不模仿的人"死刑，并且没收他们的财产。

苏：卡利克勒斯，我当然知道这些事情。我又不是聋子，我听你这么说过，也听波卢斯说过挺多次，当然了，几乎城邦里的每个人都会这么说。但是，你现在必须听我说。我认为，如果僭主乐意的话，他会杀掉这个"不模仿的人"；但是，当他杀掉的是令人羡慕的好人、善人时，他自己将变成一个邪恶的坏人。

拥有权力会拯救生命，因此它是好的、善的？

苏：还是说，你觉得一个人努力的目标应该是尽可能地长寿，并训练那些能使我们摆脱危险的技艺，例如你催促我去学习的修辞学，那种能使我们摆脱法庭上的危险的技艺？

卡：宙斯在上，这确实是我的原话，而且这确实是我给你的建议。

苏：但是现在，我亲爱的朋友，你是否认为擅长游泳是很重要的好事、善事？

卡：宙斯在上，绝对不是。

苏：但是，擅长游泳的技艺也可以把人们从死亡的边缘拉回来，例如当人们落水时，要是他想脱离危险，他就需要游泳的技艺。

要是你觉得游泳的技艺完全不值一提，我们就说一个比游泳更重要的技艺——舵手的技艺，它不仅能拯救我们的生命，而且能从最严重的危险中拯救我们的身体和财产，修辞学家所做的也不过如此。

但是舵手自己却很谦逊和自律,他不觉得自己是个重要的人物,也不觉得自己好像做了什么了不起的事情,当然也就不会因此装腔作势。尽管就后果而言,舵手所做的事情丝毫不亚于修辞学家所做的事情,但是它的费用却不高,甚至很低廉:要是他把乘客安全地从埃伊纳岛带到这里,我想这只用花费两个欧宝[①];要是他把乘客从埃及或者蓬图斯带回到此地,他会保证乘客自己、他的孩子、他的财产和女性家庭成员安全抵达港口的码头,尽管他做的事情极其重要,但费用顶多也就是两个德拉克马。

而那拥有该技艺的舵手,在完成这些丰功伟绩之后,他却没有一丝吹嘘的意思;他只是走到岸边,在船附近的海边溜达溜达。我觉得这是因为,他知道尽管他未使乘客溺于深海,但他并不确定他究竟使哪些乘客受益,又使哪些乘客遭殃,虽然他知道相较于乘客上船的时候,乘客在抵达目的地时,他们的身体和灵魂都没有丝毫改善。

在舵手看来,这种吹嘘是错误的。一方面,如果身患不

---

① 欧宝和德拉克马都是希腊早期的货币单位。其中6欧宝相当于1德拉克马。

治之症的人没有溺死，那么，此人恰恰因为未被溺死而是悲惨的。另一方面，如果某人在灵魂上患有不治之症，这种灵魂上的败坏会使得患者根本不值得继续活下去，那么即便"舵手"能将他从海洋、监狱或者其他地方拯救出来，舵手也并未使患者的灵魂变得更好、更善，因为他知道，对于一个灵魂败坏的人、灵魂上有不治之症的人而言，他最好还是别活着，因为他的生活必然是坏的、恶的。这就是为什么舵手即便使我们活了下来，也从不吹嘘自己。

我的好朋友，同样的结论也能应用在工程师身上，有时候他们所拯救的人不会少于将军或者其他随便什么人，当然就更不会少于舵手所拯救的人了，因为有些时候他们拯救的是整个城邦。在所拯救的人的数量方面，你不会觉得他们和律师、修辞学家处于同一个等级上吧？

卡利克勒斯，要是他像你们这些修辞学家一样，吹嘘自己的职业，那么当他滔滔不绝地告诉你人们应当成为工程师时，他的讲演会将你淹没，让你无言以对，因为没有什么事情会比成为工程师更加重要，而支持这立场的理由也是数不胜数。

尽管如此，你却仍然鄙视他和他的技艺，还用嘲笑的口吻称他们为"工程师"，你既不愿意让你的女儿嫁给他的儿子，也不愿意让你的儿子娶他的女儿。但是，假如我们接受你用来称赞修辞学的理由，你又有什么理由来鄙视工程师，以及我刚才所提到的其他领域的行家呢？我知道，你会说你更好、更善，而且出身更好。但是，如果"更好、更善"并不是我所谓的那个意思，而是拯救人们的生命和财产，并全然不顾他们的品行如何，那么你对工程师、医生，以及其他挽救我们生命的行家的鄙视、责备就是极其荒谬的。

不，我的好朋友，你会发现崇高的、好的、善的东西并不是挽救生命和被挽救。或许一个正义的人不应当关心他究竟能活多久，也不应当绞尽脑汁来考虑怎样才能长寿，而是应当把此事留给诸神，正如女人们所言，没有一个人可以逃脱自己的命运。然后他应当进一步思考，在他的余生中，他应该采取怎样的生活方式，才能活得最好、最善。

是采取模仿的生活方式，从而使自己更像该城邦中的执政者吗？在这种情况下，如果你想被雅典人民爱戴，并在城邦中拥有巨大的权力，那么你现在就应当尽可能地改变自己，让自己更像雅典人民中的一员。

我的好朋友，我们要好好考察一下这是否会给我带来好与善，因为有些选择的坏处远远大于好处，例如塞萨利的巫婆为了轰下月亮，宁愿冒着牺牲自己生命的危险，但是，我可不愿意为了得到这种权力而失去对自己而言最重要的东西。

如果你觉得这世上有人可以教授你一种技艺，该技艺可以使你在城邦中拥有巨大的权力，但却不用服从政府的管理，那么在我看来，不管这种技艺是好还是坏，卡利克勒斯，你学习该技艺都是不明智的。……卡利克勒斯，你要反驳这些观点吗？

卡：苏格拉底，我不知道该如何抉择，因为一方面我觉得你是对的，但是另一方面，我也遇到了在座的多数人所遇到的事情：你并没有说服我。

苏：卡利克勒斯，你之所以觉得我没有说服你，是因为你在灵魂深处仍然爱着民众。但是如果我们更细致地，并用更好的方式来再考察几次这个问题，那么你会被说服的。

你还记得我们之前说过，当我们说照料一个东西时，不管这东西是身体还是灵魂，都存在着两种方式：一种仅关注于产生欢乐；而另一种则关注于产生最好与最善，并且它并不会沉溺于欢乐而纵欲，而是尽可能地与之斗争。我们之前是不是做过这个区分？

卡：当然了。

苏：那仅关注于产生欢乐的领域是卑鄙的，并且实际上只是一种谄媚，是不是？

卡：随你喜欢，就当它是吧。

苏：但是另一种却致力于将我们所关心的东西，不管这东西是身体还是灵魂，尽可能变得更好、更善。

卡：确实。

苏：难道我们不该用相同的方式来关心城邦和人民吗？也就是试图使得民众变得尽可能更好、更善？因为正如在之前的论证中所发现的，只要民众没有变得更好、更善，那么不管你提供给他们什么其他的东西，都是毫无用处的，除非他们在获得财富、统治他人的权力或者其他权力的时候，他们的动机是崇高的、好的、善的。我们能接受这些观点吗？

卡：肯定的，要是你更喜欢这样。

这些古代的政治家使得民众更野蛮？

苏：卡利克勒斯，设想一下咱们俩将要接手城邦的一些公共事务，然后我们建议彼此来承建一些工程项目，例如一些最重要的建造项目，如城墙、船只或者寺庙；那么我们是否有义务先细致地自我审视一番：首先，我们是否懂得建筑的技艺，以及我们跟着谁学的这门技艺。我们是不是非得这么做？

卡：当然。

苏：然后，我们必须检查的第二项是：我们是否曾经私下里建造过什么项目，不管是为了我们的朋友还是为了我们自己，不管这建筑是漂亮的还是丑陋的。

如果通过检查，我们发现我们的老师专业技术过硬，而且声誉良好，在他们指导下，我们建造了很多漂亮的建筑，而在我们离开老师之后，我们也独自建造了很多漂亮的建筑。在这种情况下，让我们去建造这些项目就是明智的。

但是，如果我们说不出自己的师门，也无法指出我们曾经建造过的建筑，或者只能指出一些毫无价值的建筑。在这种情况下，要是我们自己来接手，或者建议彼此来承建城邦的公共项目，那将是愚蠢的。对不对？

卡：是的。

苏：这能应用在所有情况中。……现在，我最好的朋友啊。既然你现在就要开始从事城邦的公共事务了，而且你还敦促我做相同的事情，甚至因为我没有这样做而责备我，那么我们是不是也要互相检查一下呢？让我们看一看，卡利克勒斯是否使得我们民众中的任何一个人变得更好、更善，有没有一个人，之前是邪恶的、不公正的、充满欲望而且愚蠢，但是，正是由于卡利克勒斯，他变得高尚、更好、更善了，不管他是外来人还是本地人，不管是奴隶还是自由民。

告诉我，卡利克勒斯，要是有人这样检查你，你会怎么回答呢？哪个人由于你的教导而变成了更好、更善的人？即便在你开始从事公共事务之前，也就是你在私底下以个人身份做事时，你能找到一个这样的人吗？你难道不敢回答吗？

卡：苏格拉底，你总是争强好胜。

苏：不，我问你这些东西，并不是出于争强好胜，并不是为了打败你。我之所以这么问，是因为我真的想知道，如果你成为一个政治家，那么你会怎么处理公共事务，除了使我们的人民尽可能地变好、变善，你是否还会关心其他事情。

我们不是已经不止一次地承认，这才是政治家应该做的事情？我们是否已经同意？赶紧回答。我来替你回答：我们已经同意了。如果这才是好人、善人必须向他的城邦所提供的服务，所应完成的事业，那么，请你回想一下你之前所说的那些人，也就是伯里克利、西蒙、米提亚德、塞米斯托克利斯，然后告诉我，你现在依然觉得他们是好的、善的公民吗？

卡：是的，我依然觉得。

苏：既然他们是好的，那么，显然他们每个人都应该使得民众变得比以前更好、更善。是不是？

卡：是的。

苏：所以，当伯里克利第一次对雅典的民众讲演时，民众应该比他最后一次讲演时更坏、更恶，是不是？

卡：可能吧。

苏：我的好朋友，不要说"可能"呀。如果他真的是一个好的、善的公民，那么从我们之前所认可的观点出发必然可以得到这个结论。

卡：那又怎样？

苏：不怎么样。但请你再回答一下这个问题——人们是怎么觉得的？人们是觉得雅典人由于伯里克利而变得更好、更善，还是正好相反，人们觉得雅典人由于他而变得败坏？

不管怎样，我是听说伯里克利让雅典人变得懒惰、懦弱、爱说闲话，还财迷，因为他引入了向公务员支付工资的制度。

卡：苏格拉底，说这些话的人的耳朵肯定是有问题的。

苏：然而，还有件事情，我不仅仅是听说的，而且你我都知道得很清楚。一开始的时候，也就是当雅典民众很坏、很恶的时候，伯里克利名声很好，民众也没有指控他犯任何可耻的罪行，但是，当伯里克利把民众变得"高尚、更好、更善"之后，也就是在他快去世的时候，民众却断定他是一个坏人，并且以盗窃罪起诉他，几乎将他处死。显然，这是因为民众认为他是一个恶棍。

卡：然后呢？根据这个说法，伯里克利就是一个坏人、恶人吗？

苏：不管怎样，要是管理驴、马或者牛的人员做了类似的事情，那么他们会被视为坏的、恶的。具体而言，如果管理人员接手这些动物时，它们既不会踢他，也不会用头撞他，更不会咬他，但是，在管理人员接手之后，它们却变得极其狂野，从而一件不落地做了这些事情，那么这样的管理人员就会被视为坏的、恶的。

还是说，即便在管理人员接手之后，这些动物变得比接手时更加野蛮，比之前温和的状态更加野蛮，你仍然不觉得这样的管理人员是坏的、恶的？你是否同意？

卡：我同意啊，只有这样才能讨好你。

苏：要是这样的话，继续讨好我吧，你再回答这个问题——人类也是一种动物，是不是？

卡：当然是啦。

苏：伯里克利是否是人类的管理者？

卡：是的。

苏：根据我们刚才所认可的观点，要是伯里克利真的关心民众，真的是一个好的、善的政治家，那么他应当使得民众变得更加公正，而不是更加不公正，是不是？

卡：是的，他应当这样。

苏：荷马曾说过，"公正就是温和"。你怎么看？你同意吗？

卡：我同意。

苏：然而，相较于伯里克利接手时，民众显然变得更加野蛮，并且民众也野蛮地对待伯里克利，尽管他最不愿意让此事发生。

卡：那么，就当我同意吧。

苏：根据荷马的说法，如果更野蛮，那么就更不公正，而且更坏、更恶，是不是？

卡：就当是这样吧。

苏：根据这个说法，伯里克利并不是一个好的、善的政治家。

卡：至少你否认他是好的、善的。

苏：宙斯在上，根据你刚才所同意的观点，你也会否认的。让我们再看看西蒙。告诉我：他所照料的民众是不是放逐了他，让他消失了十年之久？他们对塞米斯托克利斯是不是也做了相同的事情，用流放来惩罚他？至于马拉松战役的英雄米提亚德，民众将其扔进了深井，而且倘若不是因为他是执政官的缘故，他可能已经死了。倘若他们在你所描述的方面都是好的、善的,那么这些事情就不会发生在他们身上了。

不管怎么说,要是一个车夫刚接手马车的时候没被马甩下来,但在他训练马匹之后,在他自己成为"更好、更善"的车夫后,竟然被甩下来,那么,这样的车夫不是好的、善的车夫。要是一个人做了类似的事情,那么不管他从事哪一行,他都不可能是好的、善的。还是说,你认为他会是好的、善的?

卡:我不这么认为。

苏:所以,看起来我们之前的断言是正确的,也就是说,在我们城邦里,我们确实找不出一个好的、善的政治家。当时你觉得,尽管在我们当代没有一个这样政治家,但是在过去有这样的政治家,而且你更喜欢这些古代的政治家。然而我们已经表明,这些古代的和当代的政治家只是一丘之貉。因此,如果这些古代的政治家是修辞学家,那么他们所使用的东西并不是真正的修辞学——因为如果是的话,他们就不会被驱逐出境了——也不是修辞学的谄媚形式。

政治家责备民众对自己行恶?

苏:我发现,每当城邦起诉某个政治家的不法行为时,这些政治家就会变得愤怒,并大叫着抗议这种骇人听闻的行径。他们之所以抗议，是因为他们为城邦付出了长久且宝贵的服务，但是，城邦却不公正地毁掉了他们。然而，这是一个彻头彻尾的谎言，因为任何一个城邦的领导者，都不会被他所统治城邦的民众不公正地处死。

在我看来，这些从事城邦事宜的政治家的境遇类似于智者的情况。实际上，虽然智者有很多成就，但是在这一点上却表现得极其荒谬：一方面，他们宣称自己是教授美德、公正的老师，但另一方面，他们却常常控告其学生对他们做了不公正的行为——要么是不交学费，要么是他们从老师这里得到好处之后，却没有报以任何感激之情。

现在，有什么会比这个控诉更不合理的吗？当这些学生变为好人、善人、公正的人之后，当老师帮他们根除他们身上的不公正，并赋予其公正之后，这些学生却可以做出不公正的行为，尽管他们身上没有一丝不公正的特征？我的好朋友，难道你不觉得这很荒谬吗？

……我求你务必回答我这个问题：要是甲说他已经使乙变为好人、善人，但同时甲又指责乙作恶，尽管甲已经使得乙变好、变善，而且乙现在依然是好的、善的，那么你是否觉得这是合理的？

卡：在我看来，这并不合理。

苏：你难道没有听智者这么说过吗？一方面他们断言他们会教授民众，使他们拥有美德，另一方面又指责他们？

卡：我当然听过了。但是，对这些毫无价值的人，你又有什么好说的呢？

苏：那么，对于那些一方面断言他们掌管着城邦，致力于改进城邦，并使其尽可能变好、变善，另一方面又时不时谴责该城邦极其邪恶的政治家呢？你觉得这些政治家和智者有什么不同吗？

我的好朋友，就像我对波卢斯说的，智者和修辞学家要么是一回事，要么虽然并非完全等同，但也大概相同。但是你却由于自己的无知，认为修辞学家到处都是优点，而鄙视智者。实际上，智者和修辞学家之间的关系，就如同立法和执法、体格训练和医学一样，前者比后者更加优越。

实际上，在我看来，除了修辞学家和智者，其余的老师都有资格、权利来责备他们的学生，责备他们对自己行恶。是的，只有修辞学家和智者没有资格这样责备他们的学生。当然了，如果他们真的这样责备他们的学生，那么根据相同的论证，他们也就同时责备了自己，因为他们声称自己使得学生变好、变善，然而实际上却完全没有使其变好、变善。是不是这样？

卡：当然。

苏：如果修辞学家和智者说的话是真的，那么合理的推论就是：只有他们能慷慨地赠予学生以好的、善的东西，但不要求任何学费。设想有个跑步教练慷慨地指导学生训练，帮助学生提高，也没有签下协议，说什么只要他能使学生的跑步速度达到某个值，那么他就肯定会立即得到报酬，在这种情况下，要是某个学生由于教练的帮助而跑得飞快，但是他仍可能会故意地拖欠学费。我觉得该学生做的事并不公正，这并不是因为他跑得慢，而是因为他身上有不公正的特征。对不对？

卡：是的。

苏：因此，不管是哪位老师，只要他清除了学生身上的不公正的特征，他就绝对没有必要担心自己会受到学生不公正的对待。因为如果他确实能使学生变好、变善，那么对于老师慷慨服务、无私训练的回报一定是会兑现的。还是说，你不这么认为？

卡：我同意。

苏：因此，如果有人在建筑或者其他技艺方面，给他人以建议，并且当时就索要费用，那么这显然一点儿也不可耻。因为他未使学生变好、变善，因此回报并非十拿九稳。

卡：显然如此。

苏：但是，如果你教授的是人们如何才能尽可能地活得好，以及人们如何以最好、最善的方式来管理他的家庭或者城邦，要是你由于学生当时没有支付费用，便拒绝给他们提供相关的建议，那么这就是可耻的。是不是？

卡：是的。

苏：解释这种区别的理由如下：在所有的服务和教授中，只有这一种服务能使学生愿意、想要做些好事、善事来回报老师。因此，如果甲将好的、善的东西给予乙，那么乙肯定会做些好事、善事来回报甲，并且我们以此而认为甲是好的、善的；相反，如果乙并未这么做，那么我们就认为甲并非好的、善的。事情是不是这样的？

卡：是的。

这些政治家的灵魂会受到怎样的审判？

苏：要是我被控告了，我敢肯定，等待我的命运就是这样的不知所措，因为我所提供的并不是欢乐，并不是那些被他们当作利益和好处的东西，但是，我既不羡慕那些能够提供这些东西的人，也不嫉妒那些得到这些东西的人。然而要是有人说，我让年轻人陷入困惑，而败坏了他们，或者我在公开或者私下场合，用尖酸刻薄的话责备年长的人，那么我既不会说出真相——也就是，"你们所控告的我的所作所为，也就是我说的那些尖酸话，都是为了公正的目的，我之所以这么做，都是为了你们好，各位陪审员大人"，也不会说任何其他的东西，而只是保持沉默。因此，或许我的反应是：不管发生什么事，我都会忍受。

卡：苏格拉底，处于这种情形的人，这样一个不能保护自己的人，你觉得他在城邦里会被人们羡慕吗？

苏：卡利克勒斯，我觉得他会被人羡慕。只要他拥有一个东西，你也常常同意他应该有这个东西：只要他能防止自己说或做那些对人类或诸神而言是不公正的事情，那么他就是令人羡慕的好人、善人，因为你我都同意这才是最有价值的一种自我保护。

现在如果有人判我有罪，罪名是"我没有能力为自己或者其他人提供这种最有价值的自我保护"，那么我将感到羞愧难当，不管见证这件事情的是一群人还是个别几个人，甚至就是你我二人。要是我因缺乏这种自我保护的能力而被判处死刑，我真的会极其苦恼。

然而，如果我由于在谄媚的修辞学上有所不足，而被判处了死刑，那么我很确信你们只会看到我笑面死亡，完全不把它当回事。

因为不管是谁，只要他有一丁点儿的理性和勇气，他都不会害怕死亡；相反，他最害怕的是做不公正的事情，因为当一个人接受哈迪斯的审判时，灵魂中塞满不公正的行为才是最坏、最恶的事情。如果你不介意的话，我很乐意给你讲一个故事，来表明事实确实如此。……可能你会觉得这只是一个故事，但我觉得它是一个真正的解释，因为在我看来，我将要告诉你的解释就是事实的真相。

根据荷马的《伊利亚特》，当宙斯、波塞冬和普鲁托继承了他父亲的帝国之时，他们就将其瓜分为三。在克洛诺斯时代，有一条关于人类的法律，而且现在诸神们依然照它行事：如果一个人的一生是公正而虔敬的，那么当他死亡的时候，他会去往幸福之岛，他的住所将被幸福包围，不会有一丝邪恶；但是，如果一个人的生活是不公正的、不敬神的，那么当他死亡的时候，他会去往报应和赔偿的监狱，也就是他们叫作塔耳塔洛斯[①]的地方。

---

① 塔耳塔洛斯：希腊神话中"地狱"的代名词。该地是关押、惩罚恶人的监狱，用冥河与人间世界连通。

在克洛诺斯的时代，甚至到宙斯刚掌权的时代，当人们被审判的时候，他们仍然是活着的，因为在审判之后他们才会死去，而且实行审判的人也是活着的，所以导致对案件的判决总是坏的、恶的。因此，布鲁托和幸福之岛的管理者跑去对宙斯说：有些人不应去幸福之岛，但却去了；而有些人不应当去塔耳塔洛斯，却也去了。

因此宙斯说："好的，我会停止这一切。现在看来，这些判决确实是坏的、恶的。之所以如此，是因为被判决的人在审判时仍穿着衣服，是因为他们还活着。很多邪恶的灵魂在外面包裹着英俊的躯壳、显赫的家世，以及惊人的财富；而在对他们审判的过程中，会有很多证人为他们作证，证明他们的一生是公正的。现在，审判官之所以糊涂，搞混判决，一方面是因为证词的缘故，另一方面则是因为审判官在判决的时候，自己也仍穿着衣服，他的眼睛、耳朵和身体遮蔽了灵魂，使灵魂变得模糊。所有的这一切——审判官身上的服饰和被审判者身上外在的遮蔽，都会阻碍审判官作出公正的判决，而且前者的阻碍程度不亚于后者。"

因此，宙斯给出了如下的解决方案："第一，我们必须禁止被审判的人提前知道自己的死期，因为他们现在可以提前知道。普罗米修斯已经接受了这个指令，去禁止被审判的人提前知道该日期。第二，在审判时，被审判者必须一丝不挂，而且一旦他们死去，他们就应当立刻被审判，而审判官也应该是一丝不挂的，是死亡状态。一旦被审判者死去，审判官就可以利用自己的灵魂观看到被审判者的灵魂，因为被审判者与他的各种亲戚朋友相隔绝，而且他所有的外在装饰也都留在了地面上，由此而作出的判决可能就是公正的。"

"在你们告知我之前，我已经察觉到这种情况了。现在我已经派我的孩子去当审判官了，两个来自亚洲，也就是米诺斯和拉达曼迪斯，还有一个来自欧洲，也就是埃阿科斯。在他们死了之后，他们将会在有岔路的草地上来审判死者，这两条路一条通向幸福之岛，另一条则通向塔耳塔洛斯。拉达曼迪斯将会审判那些从亚洲而来的死者，而埃阿科斯则审判那些从欧洲来的。我会给米诺斯一种特权，让他来做最终的判决，以防另两个孩子出现错误。这样关于死者该何去何从的判决可能会极其公正。"

卡利克勒斯，这就是我所听到的东西，而且我相信这就是真相。基于这些故事，我认为我们将得到以下的结论：在我看来，死亡实际上什么也不是，而只是两样东西的分离，也就是身体和灵魂的彼此分离。因此，在它们分离之后，它们彼此保持之前的状态，正如它们在人活着的时候所拥有的状态。

身体仍保持之前的状态，不仅保留了身体所接受的照料，而且保留了所有发生在他身上的事情。例如，要是一个人在他活着的时候身材魁梧（或许是天生的，或许是由于营养好，又或许是两者皆有），那么在他死后，他的尸体也会是魁梧的。当然了，如果他的体形肥胖，那么在他死后，他的尸体也会是肥胖的，等等。如果一个人跟随潮流而留了长发，那么他的尸体也会有长发。另外，如果一个人在生前是一个体格健硕的流氓，并且由于所犯罪行而在身上留下疤痕（这伤疤要么来自鞭笞，要么来自其他的创伤），那么当他死去的时候，这些疤痕都会在他的尸体上显现。又或者，如果在他活着的时候，他的四肢受伤了，或者扭伤了，那么在他死去的时候，这些特征都会明显地呈现在尸体上。总而言之，不管一个人在他活着的时候如何折腾自己的身体，由此所造成的所有印记，或者至少是大多数的印记，都会在尸体上明显地呈现出来。

卡利克勒斯，因此我相信此结论也能应用在灵魂上。当灵魂去除身体的遮蔽，变得一丝不挂之时，灵魂中所有的特征也会明显地呈现出来，不管是先天的东西，还是后天发生在灵魂中的事情，也就是人们的各种言行对灵魂所造成的影响、打上的印记。

因此，当这些灵魂抵达审判官的面前，将会面临拉达曼迪斯的审判，拉达曼迪斯会把这些灵魂放在自己面前仔细观瞧，并逐一研究，但却并不知道这些灵魂属于谁。他经常遇到属于伟大的国王、其他的王子或者当权者的灵魂。但在这些灵魂中，他察觉到的却是绝对的不健康，这些灵魂通身上下都是罪恶，还有数不胜数的疤痕，而这些都是谎言和不公正的行为所导致。人们的一言一行都会印刻在他的灵魂上，而灵魂中所有的东西都被欺骗和虚伪而扭曲，没有一处是正直的，这是因为灵魂未被真理滋养，或者由于他行为中的放纵、奢侈、自大和无节制。一旦审判官看到这样的灵魂，他就会很不齿地直接将其发配进牢狱，在那里它会受到它理应得到的惩罚。

对于任何人而言，要是他应该受到惩罚，那么他就该被公正地惩罚。这有两个好处：其一，此人会因此而变得更好、更善，并因此而得到好处；其二，被惩罚会对他人带来警示作用，也就是说，当其他人看到此人正在被惩罚的时候，这些旁人都会变得害怕，从而可能成为更好、更善的人。

当我们说愿意接受诸神和人类的惩罚的人，就是会得到好处的人，"这些人"指的是那些所犯之罪是可以被修复、治愈的人。当然了，即便如此，即便他们可以在这里和哈迪斯那里得到好处，实现的方式也是通过痛苦和苦难，因为除此之外，再也没有摆脱不公正的行为的其他方法。

对于那些已经犯下滔天大罪，并由此使灵魂无法治愈的人而言，他们的作用就是被当作典型，以儆效尤。即便这些人接受了惩罚，他们也不能得到任何好处，因为他们的灵魂是不可治愈的。但是其他人在看到这些灵魂为他们所犯的错误，一直在经受最惨重、最痛苦和最可怕的苦难时，这些观众会由此得到好处。他们在冥界的地狱里被当作典型，这种景象对所有到此的行恶之人正是一个警告。

关于这些无法治愈的典型，如果波卢斯所言为真，那么在我看来，阿齐拉一世肯定是其中的一个。要是有人跟他一样，也是个暴君，那么他肯定也是其中的一员。另外我觉得，实际上这些不可治愈的灵魂，这些被当作典型的灵魂，大多来自于僭主、国王、统治者阶层，以及那些热衷于城邦事务的人，因为只有他们才有资格、有能力犯下极严重和不虔敬的罪行。荷马证实了这种说法，因为他也将那些在冥界接受永恒惩罚的人描述为国王或者统治者，例如坦塔罗斯、西西弗斯和提堤俄斯。

然而，从来没有人将忒耳西忒斯或者其他邪恶的平民老百姓的灵魂视为不可治愈的，并由此认作应当遭受永恒惩罚的。我想，这是因为他们没有随心所欲的能力，因此他比那些拥有该能力的国王更加幸福。卡利克勒斯，事实上，我们只有在拥有权力的阶层里，才能发现这种极其邪恶的人。

当然了，身处这个阶层本身并不意味着这里不可能出现好人、善人，相反，对于那些在此阶层出现的好人、善人，他们极其值得赞扬，令人羡慕。卡利克勒斯，因为这很难。当你发现你拥有随心所欲的权力，能够随意做不公正的事情，但是你的一生却都是公正地活着，这确实更值得赞扬。像这样的人确实存在，但是特别少，因为不仅在雅典，而且在其他地方已经有这样的人，而且我相信，未来在雅典和其他地方还会出现这样的人，他们是好的、善的，因为他们公正地完成了民众所托付的事情。利西马科斯的儿子，阿里斯提德正是这样的一个人，他也因此被认为是杰出的，甚至是所有希腊人中最杰出的。但是，我的好朋友，大部分的统治者都已被证明是坏的、恶的。

所以，正如我所说的，当审判官拉达曼迪斯遇到一个这样的人，他对该对象一无所知，既不知道他是谁，也不知道他的亲戚朋友是谁，他只知道该对象是一个邪恶的人。一旦审判官察觉到这些事情，他会立刻将其发配到塔耳塔洛斯。具体而言，首先，他会根据该对象的情况，给其贴上可被治愈或者不可被治愈的标签，然后，一旦该对象抵达塔耳塔洛斯，那么他就开始遭受其应得的痛苦。

但是有时候，当他看到另一种灵魂，该灵魂与真理为伍，而虔敬地活着，它可能是一个平民百姓的灵魂，也可能是达官贵人的灵魂——卡利克勒斯，我必须得说这句话，它尤其可能是哲学家的灵魂，这位哲学家仔细审视自己的生活，并且在他的一生中也并没有篡取过权力——审判官会敬佩这个灵魂，并将其送至幸福之岛。

而埃阿科斯也会做相同的事情。他们彼此会根据灵魂的表现，给出自己的判决。而米诺斯则监督着他们两人。他独自握着金权杖，一如荷马笔下的奥德赛所宣称的那样：

> 手握金权杖，裁决众死者。

我们如何才能过上幸福的生活？

苏：卡利克勒斯，我自己对这些解释深信不疑，而且我一直在思考，我要怎么做才能向审判官呈现一个尽可能健康的灵魂。为了这个目的，我将无视大多数民众所追求的东西，并且追寻真理、知识。这样我才有能力在现实中尽可能地成为好人、善人，并且当我死去的时候，我仍然是一个好人、善人。

当然，我也会尽我所能规劝其他人也这样做。为了报答你对我的建议，我现在也特别地规劝你选择这种生活方式，与常人所追求的东西进行斗争，来参加这场我认为是最有价值的生命之战。

……在我们所做出的诸多论述中，尽管其他的都已被反驳，但唯独这个观点始终坚挺：比起被动地遭受不公正的事情，我们更要避免主动做不公正的事情。人们最应当追求的东西，并不是仅仅看起来的好与善，而是在公共事务和个人生活中真正的好与善。

如果有人在任何方面做了坏事、恶事，他应当接受惩罚，纠正自己，而这就是仅次于永远公正的第二等的善，即通过接受惩罚而变得公正。而我们应该避免各种形式的谄媚，不管是对自己谄媚还是对他人谄媚，不管谄媚的对象是个别人还是一群人。因此修辞学和其他各种活动都应该永远只服务于公正的事业。

因此，接受我的建议，跟我去那里吧。一旦你抵达那里，正如该解释所示，你不仅在死前是幸福的，死后也会是幸福的。就让一些人把你视作傻瓜而鄙视你吧，就让他们以他们所喜欢的方式来侮辱你吧，但请你一定要充满信心，不要畏惧，因为如果你确实是令人羡慕的、好的、善的，并实践了人类的美德，那么你所经历的这些事情中，没有一件会危害你的灵魂。

在我们正确地实践了人类的美德之后，我们应当在适当的时候开始从事政治学，或者从事我们觉得恰当的随便什么领域，因为那时我们可以比现在更好地给出建议。我们现在所处的情况似乎如下：在面对同一个主题时，即便该主题是关于最重要的事情的，我们的看法和判断也总是朝三暮四，从不稳定。是的，我们现在就是如此地缺乏教育，缺乏知识。在这样的情况下，要是我们还以为自己是个大人物，而耀武扬威，那么就太令人羞愧了。

因此，让我们以现在所揭示的原则为向导，向着它所指出的最好、最善的生活而前进，并且不管是活着还是死亡，我们都要实践公正的德性和其他的美德。好的，让我们跟着该向导前进吧，也号召其他人和我们一起前进。这绝不是你自己所相信，并拉拢我一道前往的那条路，卡利克勒斯。因为那条路毫无价值。

第七章和第八章：如何才能使人变好、变善，得到幸福

根据上述的讨论，修辞学家们不仅不值得称赞，也无法"使人变好、变善，得到幸福"。苏格拉底也就由此过渡到了《高尔吉亚篇》的核心主题：如何才能使人变好、变善，得到幸福。面对该问题，卡利克勒斯认为修辞学家能使我们得到幸福，但是苏格拉底认为修辞学家不仅没有使人变好、变善，反而变得更坏、更恶，从而否定了这个回答。最后，苏格拉底也针对该问题给出了自己的回答。

在第七章中，卡利克勒斯认为修辞学家可以使人变好、变善，得到幸福。与此同时，卡利克勒斯也同意：如果一个人想要获得幸福的生活，他就必须追求自律，训练自我约束，并且尽可能地远离不受约束的状态，最好使自己完全没有做坏事、恶事的欲望。因此，在卡利克勒斯看来，好的修辞学家应该总在考虑这件事情：如何通过他的技艺，才能使得公正出现在人民的灵魂之中，才能使得不公正从灵魂中消失；使人们变得自律而不再纵欲，使好与坏产生于灵魂之中，而使坏与恶消失。

在第八章中，苏格拉底认为修辞学家们并不满足好的修辞学家的要求，所以，这些修辞学家们无法使人变好、变善，得到幸福。首先，当修辞学家在追逐权力的时候，他会竭尽全力确保自己尽可能做不公正的事情，并且逃避由此而来的惩罚。而这种行事方式会败坏他的灵

魂，从而，对他而言就是最坏、最恶的东西。其次，那些被人称道的古代政治家也没有使民众更好、更善，反而使民众更野蛮。因为在这些政治家们刚掌权的时候，民众都很温顺，而在他们执政之后，民众却变得狂野，甚至将他们驱逐出境。最后，即便是未掌权的修辞学家们也没有使他的学生变得更好、更善。因为一方面，他们宣称自己是教授美德、公正的老师，使得学生变得更好、更善，但另一方面，他们却常常控告其学生对他们做了不公正的行为，做了坏事，要么是不交学费，要么是他们从老师这里得到好处之后，却没有报以任何感激之情。由此可见，实际上修辞学完全没有使人变好、变善。总而言之，不管是那些掌权的修辞学家，还是未掌权的修辞学家，他们不仅无法使自己变得更好、更善，也无法使他们的民众或学生变得更好、更善，得到幸福。

除此之外，在第八章的结尾，苏格拉底给出了自己认为的使人变好、变善，得到幸福的方法。首先，比起被动地遭受不公正的事情，我们更要避免主动做不公正的事情。其次，如果有人在任何方面做了坏事、恶事，他应当接受惩罚，纠正自己，即通过接受惩罚而变得公正。我们应当以此原则为向导，向着它所指出的最好、最善的生活而前进。

编译后记

英国哲学家怀特海曾高度评价柏拉图哲学,他认为"西方两千年的哲学不过是柏拉图的注脚"。同样的,对于"什么是好的生活""什么是幸福"这一类问题,我们最好也是追根溯源,看看柏拉图对此的回答。尽管柏拉图在多篇对话录中都涉及了对幸福的探讨,例如《理想国》(*The Republic*)和《斐德罗篇》(*Phaedrus*),但在所有这些相关的对话录中,《斐莱布篇》(*Philebus*)和《高尔吉亚篇》(*Gorgias*)算得上是最贴切的,所以译者以这两篇对话录为基础,对它们进行了编译。

本书在进行编译时,所依据的主要文本是由约翰·库珀

（John Cooper）主编的英文版《柏拉图全集》（*Plato Complete Works*, 1997）。除此之外，在对《斐莱布篇》的编译过程中，我参考了著名柏拉图专家哈克福斯（Hackforth）对该对话录的翻译和评论《柏拉图对欢乐的考察》（*Plato's Examination of Pleasure*, 1945），以及福勒（Fowler）的译本《柏拉图希英双语全集（3）：政治家篇和斐莱布篇》（*Plato with an English Translation. III: The Statesman, Philebus*, 1925）等多个版本。而在《高尔吉亚篇》的编译过程中，我也参考了该领域专家兰姆（Lamb）的译本《柏拉图希英双语全集（5）：吕西斯篇，会饮篇和高尔吉亚篇》（*Plato with an English Translation. V: Lysis, Symposium, Gorgias*, 1925）和詹姆斯·阿列蒂（James Arieti）的译本《高尔吉亚篇》（*Gorgias*, 2006）等多个英译本。最后，国内学者王晓朝教授的《柏拉图全集》（人民出版社，2002-2003）以及外研社的《高尔吉亚篇》（外语教学与研究出版社，2011）也为本书的翻译工作提供了许多启发。

说到自己的翻译原则，译者所遵循的第一项原则就是"信"。尽管"信雅达"被公认为翻译的标准，但这却并不是一个随意的标准，而是一个最高的标准。实际上，对于一般的译者而言，能做到最重要的"信"便实属难得了。因此，译者在编译本书的过程中，便以"信"作为自己的最高原则，希望自己尽可能准确表达柏拉图的思想。尽管译者力求不偏离柏拉图的思想，但也深知自己的水平有限，因此错漏必定在所难免。如果读者发现了译者出现了理解不准确，词不达意等诸多问题时，恳请原谅并赐教。

除了"信"之外，译者所遵循的另一项原则就是易读性。为了使大众读者更轻松容易地理解柏拉图的思想，译者在尽量不损害柏拉图原义的前提下，对译文做了些特殊处理。为了使读者更容易理解，我会将一些长难句分解为一些短小的简单句，把一个长段落分解为几个具有独立主题的小段落。另外，为了使读者更轻松地把握各个章节和段落的主旨，译者给各个章节添加了标题，并对各个段落的主题句进行了加粗处理。但必须承认的是，由于译者自己水平的限制，译者对文章的切分，对标题的添加，以及加粗的主题句并不一定是正确和恰当的。如果读者发现了不恰当或者错误的地方，责任完全在我。

最后，译者要向策划并邀请译者参与此套丛书编译工作的黄博文先生、李晨昊先生、丛书主编苏德超教授，以及为本书的付梓奉献了辛勤汗水的出版社的诸位编辑老师致以诚挚的谢意！

焦黎明
2021年5月